I0016198

UBIACTION 2018-1
Edited by Matthias Hoppe, Jakob Karolus, Thomas Kosch, Pascal Knierim
and Albrecht Schmidt

UBIACTION 2018-1

1st Seminar on Ubiquitous Interaction
January 25, 2018, Munich, Germany

Edited by

Matthias Hoppe
Jakob Karolus
Thomas Kosch
Pascal Knierim
Albrecht Schmidt

Editors

Matthias Hoppe, Jakob Karolus, Pascal Knierim, Thomas Kosch, Albrecht Schmidt
Human-Centered Ubiquitous Media Group
Institut für Informatik
Ludwig-Maxmilians-Universität München
`firstname.lastname@ifi.lmu.de`

ACM Classification 1998 - H.5 INFORMATION INTERFACES AND PRESENTATION

ISBN-13: 978-1721665174
ISBN-10: 172166517X

Publication date
25. January 2018

Vorwort

Die Digitalisierung hat massive Auswirkungen auf die verschiedensten Seiten unseres Lebens und Arbeitens. Zentrale Aspekte in unserer Gesellschaft, wie zum Beispiel Kommunikation, Mobilität oder Geld, verändern sich durch ubiquitäre Computersysteme maßgeblich. Unsere Interaktion mit unserer Umgebung wird zunehmend zur Mensch-Computer-Interaktion, und Kommunikation mit anderen Menschen wird zunehmend durch digitale Technologien vermittelt. Die verwendeten Interaktionstechnologien und das Interaktionsdesign haben somit einen zentralen Einfluss auf die Erfahrungen, die wir in der Welt machen. Um einen Einblick in zukünftige Möglichkeiten im Bereich der Digitalisierung zu erhalten, wurde die Veranstaltung „Ubiaction" ins Leben gerufen. Ubiaction ist eine Veranstaltung des Lehrstuhls „Human-Centered Ubiquitous Media" der Ludwig-Maximilians-Universität München. Hier haben Studierende des Seminars „Menschzentrierte Interaktion mit ubiquitären Computersystemen" Vorträge zu verschiedenen Themengebieten gehalten. Des Weiteren wurden Prototypen aus dem Praktikum „Developing interactive capture devices" ausgestellt. Die erste „Ubiaction"-Veranstaltung fand am 25.01.2018 statt, welche Herr Prof. Dr. Albrecht Schmidt mit dem Eröffnungsvortrag „Verstärken menschlicher Fähigkeiten durch digitale Technologien" eröffnete. Anschließend wurden Seminararbeiten der Studierenden vorgestellt. Die dazugehörigen Ausarbeitungen sind in diesem Band zusammengefasst.

Inhaltsverzeichnis

Editors: Matthias Hoppe, Jakob Karolus, Thomas Kosch, Pascal Knierim and Albrecht Schmidt.
January 25, 2018. Munich, Germany.

■ Teilnehmer

Katharina Bause

k.bause@campus.lmu.de
Mensch-Computer-Interaktion

Eva Maria Geiger

e.geiger@campus.lmu.de
Mensch-Computer-Interaktion

Jonas Mattes

j.mattes@campus.lmu.de
Medieninformatik

Sarah Muser

sarah.muser@campus.lmu.de
Medieninformatik

An Ngo Tien

a.tien@campus.lmu.de
Mensch-Computer-Interaktion

Maximilian Rettinger

maximilian.rettinger@campus.lmu.de
Medieninformatik

Laura Schwarzbach

laura.schwarzbach@campus.lmu.de
Mensch-Computer-Interaktion

Cara Storath

cara.storath@campus.lmu.de
Mensch-Computer-Interaktion

Emotionserfassung durch physiologische Sensoren

Laura Schwarzbach

Ludwig-Maximilians-Universität München, München, Deutschland
laura.schwarzbach@campus.lmu.de

───── **Zusammenfassung** ─────────────────────────────

Während Intelligente Systeme vor einigen Jahren noch als nicht realisierbar und utopisch angesehen wurden, haben sich smarte Devices mittlerweile inmitten unserer Gesellschaft etabliert und entwickeln sich immer mehr zu einem täglichen Begleiter, auf den man nicht mehr verzichten möchte. Sie liefern ihren Benutzern personalisierte Kaufvorschläge, erstellen ihnen Playlisten unter Berücksichtigung ihres Musikgeschmacks und informieren sie über wichtige Entwicklungen und Nachrichten, welche die Geräte nach den individuellen Interessen der Nutzer filtern. Wagt man einen Blick in die Zukunft, so scheint es nicht mehr lange zu dauern bis Intelligente Systeme die emotionale Lage ihrer Nutzer eigenständig erkennen und passend darauf reagieren können. Die Erfassung des emotionalen menschlichen Zustandes stellt dabei jedoch eine sehr komplexe Thematik dar und erfordert insbesondere auch die Berücksichtigung von physiologischen Signalen, um eine zuverlässige Einschätzung des Emotionszustandes vornehmen zu können. Das Augenmerk des vorliegenden Paper liegt daher auf der Betrachtung der Emotionserfassung unter Einbezug physiologischer Signale.

1998 ACM Subject Classification H.5.2. User Interfaces

Keywords and phrases Emotionserfassung, physiologische Sensoren, physiologische Signale, Emotionsreflexion, Emotionsvisualisierung

1 Emotionserfassung durch physiologische Sensoren

»Alexa, wie ist mein derzeitiger emotionaler Zustand?« In Zeiten der Nutzung von Intelligenten Systemen analysieren Geräte, wie beispielsweise Amazon Echo, unter anderem bereits die Stimmen der Nutzer, um deren Anfragen möglichst personalisiert beantworten zu können [27]. Dies wirft jedoch die Frage auf, ob derartige smarte Alltagsbegleiter in Zukunft sogar dazu in der Lage sein werden, den Gefühlszustand ihrer Nutzer zu erfassen und in der Folge spezifisch und individuell darauf zu reagieren. Die Erfassung von menschlichen Emotionen stellt eine große Herausforderung dar, da das menschliche Verhalten

Cite as: Laura Schwarzbach. Emotionserfassung durch physiologische Sensoren. In *1st Seminar on Ubiquitous Interaction (UBIACTION 2018-1)*. Editors: Matthias Hoppe, Jakob Karolus, Thomas Kosch, Pascal Knierim, Albrecht Schmidt. January 25, 2018. Munich, Germany. pp. 1:1–1:18.

als sehr komplex zu betrachten ist [21]. Um ein ganzheitliches und zuverlässiges Bild des emotionalen Zustandes eines Menschen zu erhalten, ist es von großer Bedeutung neben audio- und videobasierten Verfahren vor allem auch Verfahren zur Messung physiologischer Signale miteinzubeziehen. Denn im Gegensatz zu den in audio- und videobasierten Verfahren gewonnenen Daten handelt es sich bei physiologischen Signalen um schwer manipulierbare beziehungsweise schwer verfälschbare Werte [25]. Beispielsweise können im Rahmen von videobasierten Verfahren anhand der Mimik Rückschlüsse über den emotionalen Zustand getroffen werden, wobei die Resultate allerdings durch das Aufsetzen eines Pokerfaces logischerweise leicht verfälscht werden können [41]. Dagegen gelten physiologische Signale, wie zum Beispiel die Muskelaktivität oder der Herzschlag, als schwer manipulierbar. Der wachsende Trend in der Verbreitung sowie in der Anerkennung von Wearables und anderen smarten Geräten in unserer Gesellschaft macht die Gewinnung der physiologischen Daten dabei zunehmend einfacher. Gegenwärtig existierende Devices, wie beispielsweise Fitnessarmbänder, besitzen mittlerweile unterschiedlichste Sensoren, mittels derer die physiologischen Signale der Benutzer aufgezeichnet beziehungsweise erfasst sowie festgehalten werden können [19]. Da insbesondere die physiologischen Signale auf Grund ihrer schweren Verfälschbarkeit eine tragende Rolle in der Emotionserfassung einnehmen, bedarf es einer intensiveren Auseinandersetzung mit dieser Art von Signalen. Das vorliegende Paper setzt sich daher gezielt mit Messverfahren zur Ableitung physiologischer Signale sowie dem aktuellen Forschungsstand zur Thematik der Emotionserfassung auf Basis physiologischer Sensoren auseinander. Zudem werden abschließend auch Chancen und Risiken der Emotionserfassung durch den Einsatz physiologischer Sensoren thematisiert.

2   Emotion

Menschliche Emotionen erweisen sich als sehr komplex. Eine allgemeine Vorhersage darüber zu treffen, mit welchen Emotionen Menschen auf bestimmte Ereignisse oder Situationen reagieren, ist bislang so gut wie unmöglich, da sich das emotionale Verhalten von Mensch zu Mensch deutlich unterscheiden kann [21]. Wissenschaftler differenzieren dabei primäre sowie sekundäre Emotionen und beschreiben Emotion als ein Konstrukt unterschiedlicher Bestandteile.

2.1   Primäre und sekundäre Emotionen

Emotionen lassen sich grundsätzlich in primäre Emotionen (Basisemotionen) und sekundäre Emotionen untergliedern. Primäre Emotionen stellen dabei angeborene und von der Kultur weitestgehend unabhängige Emotionen dar. Zu ihnen zählen unter anderem Freude beziehungsweise Glück, Angst, Ekel,

Trauer, Wut beziehungsweise Ärger und Überraschung [7]. Zu den sekundären Emotionen gehören dagegen zum Beispiel Eifersucht, Stolz, Liebe oder
Dankbarkeit. Im Gegensatz zu den Basisemotionen sind die sekundären Emotionen jedoch nicht angeboren, sondern werden über die Zeit hinweg erworben
beziehungsweise erlernt [7, 11].

2.2   Emotionskomponenten

Emotionen werden als „[...] mehrdimensionale Konstrukte, die aus affektiven,
physiologischen, kognitiven, expressiven und motivationalen Komponenten
bestehen" [12] verstanden. Die verschiedenen Emotionskomponenten lassen
sich dabei wie folgt beschreiben:

- **Affektive Komponente**: Nach Faller beschreibt die affektive Komponente, häufig auch Gefühlskomponente genannt, „[...] wie sich eine Emotion im
  bewussten Erleben eines Menschen »anfühlt«." [11], die affektive Komponente versteht Emotion demzufolge vor allem als subjektiv erlebtes Gefühl [13].

- **Physiologische Komponente**: Veränderungen im Emotionszustand führen zur Veränderung physiologischer Signale. Diese Änderungen der physiologischen Signale sind laut Rothermund und Eder hauptsächlich auf eine
  veränderte Aktivität des autonomen Teils des Nervensystems zurückzuführen. Gerät eine Person zum Beispiel in eine bedrohliche Situation so ändert
  sich aufgrund der dabei empfundenen Furcht ihr emotionaler Zustand, was
  unter anderem zu einer erhöhten Herzfrequenz führen kann [30].

- **Kognitive Komponente**: Im Rahmen der kognitiven Komponente spielen
  die Interpretation und die Bewertung erlebter Ereignisse durch eine Person
  selbst eine wesentliche Rolle. Welche Emotionen bei einer Person entstehen,
  hängt demnach auch maßgeblich davon ab, wie die Person eine Situation
  oder ein Erlebnis bewertet beziehungsweise einschätzt [30]. Während eine
  Person eine bestimmte Situation als angenehm empfindet, kann die gleiche
  Situation bei einer anderen Person eine negative Empfindung auslösen.

- **Expressive Komponente**: Die expressive Komponente wird auch als
  Ausdruckskomponente bezeichnet. Zu ihr zählen Mimik, Gestik, Haltung
  und Stimme. Diese bilden die vom Menschen erlebten Emotionen nach außen hin wahrnehmbar ab [11]. Wird ein Ereignis als bedrohlich empfunden,
  äußert sich dies in vielen Fällen beispielsweise in einem Zittern der Knie.

- **Motivationale Komponente**: Eine Emotion motiviert nahezu immer zu
  einer Handlungsaktion. Reagiert eine Person auf eine Gefahrensituation

mit Angst, ruft dies zum Beispiel die Handlungsreaktion »Vermeidung beziehungsweise Rückzug« hervor, um aus der bedrohlichen Situation zu entkommen [11, 30].

3   Messverfahren zur Erfassung physiologischer Signale

Im Rahmen der Emotionserfassung existieren verschiedene Messmethoden, um physiologische Signale zu ermitteln. Bei physiologischen Signalen handelt es sich um Biosignale. „Biosignale sind Zeitreihen gemessener physiologischer Kennwerte." [16, 38] Anhand dieser physiologischen Kenngrößen, wie beispielsweise der elektrischen Herzaktivität, können die im Körper ablaufenden Prozesse abgeleitet werden [3]. Zwei wesentliche Parameter zur Beschreibung von Biosignalen sind die Amplitude und die Frequenz der Signale [14]. Änderungen in den physiologischen Signalen stehen dabei sehr oft in direkter Verbindung mit Veränderungen des menschlichen emotionalen Zustandes [35]. Zur Messung der physiologischen Signale kommen unterschiedliche Messverfahren zum Einsatz, die nachfolgend beschrieben werden.

3.1   Muskelaktivität (sEMG)

Die Oberflächen-Elektromyographie (surface-electromyography, sEMG) stellt ein nicht-invasives Messverfahren zur Erfassung des „Erregungs- und Kontraktionszustands der Skelettmuskulatur" [29] dar, wodurch das elektrische Summenaktionspotenzial der motorischen Einheiten abgeleitet und folglich die elektrische Muskelaktivität bestimmt werden kann [8, 22]. Das elektrische Potenzial entsteht dabei durch die vom zentralen Nervensystem ausgelöste Erregung an einem Muskel [22]. Um die muskuläre Erregung erfassen zu können, werden Oberflächenelektroden benötigt, die auf der Hautoberfläche angebracht werden. In der Regel werden die Elektroden im Nackenbereich, im Stirnbereich oder im Bereich des Unterarms positioniert [33]. Das Elektromyogramm stellt die Summenaktionspotenziale im Bereich der Elektroden dar, sprich die elektrische Muskelaktivität [22]. Folglich können mittels eines Elektromyogramms Rückschlüsse hinsichtlich der elektrischen Aktivität eines Muskels getroffen werden, da durch die Betrachtung des Elektromyogramms signifikante Änderungen im Muster des abgeleiteten physiologischen Signals offensichtlich werden. Ist eine Frequenzsteigerung des Signals sowie eine Vergrößerung der Amplitude ersichtlich, ist dies auf einen Anstieg der Muskelspannung beziehungsweise auf eine erhöhte Muskelaktivität zurückzuführen, welche beispielsweise durch eine emotionale Belastung wie Stress ausgelöst werden kann (siehe Abbildung 1) [20].

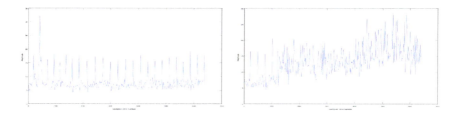

Abbildung 1 Die elektrische Muskelaktivität bei geringer emotionaler Belastung (links) unterscheidet sich deutlich von der elektrischen Muskelaktivität bei erhöhter emotionaler Belastung (rechts) [39].

3.2 Herzaktivität (EKG)

Ein weiterer Parameter zur Erfassung physiologischer Erregungen ist die elektrische Herzaktivität. Die elektrische Aktivität aller Herzmuskelfasern kann mit Hilfe einer Elektrokardiographie (electrocardiography, EKG) abgeleitet werden [2]. Um die Herzaktivität ableiten zu können, werden Elektroden benötigt, die auf zwei unterschiedliche Arten am Körper angebracht werden können [2, 31]. Diese können nach Einthoven oder nach Wilson platziert werden. Bei der Ableitung nach Einthoven wird die Herzaktivität über die Extremitäten abgeleitet. Die Elektroden werden dabei am rechten und linken Handgelenk sowie am linken Fußgelenk befestigt. Des Weiteren wird im Rahmen dieser Ableitungsform eine sogenannte Erdungselektrode am rechten Bein platziert [2, 31]. Verwendet man das Ableitungsschema nach Wilson, werden die EKG-Elektroden dagegen im Bereich der Brustwand angebracht [31]. Zudem kann die Messung der Herzaktivität auch durch einen mit Sensoren ausgestatteten Brustgurt erfolgen (siehe Abbildung 2) [32]. Die Aufzeichnung der abgeleiteten elektrischen Spannung des Herzens wird als Elektrokardiogramm bezeichnet und ist eine visuelle Darstellung der elektrischen Herzaktivität. Mit Hilfe des Elektrokardiogramms können Veränderungen im Muster der elektrischen Herzaktivität erfasst werden [2]. Ist eine immense Steigerung der Herzschlagfrequenz erkennbar, spricht dies für eine emotionale Erregung, welche beispielsweise durch eine emotionale Belastung verursacht werden kann. So ist zum Beispiel bei einem gesteigerten Stresslevel eine erhöhte Herzschlagfrequenz erkennbar [36].

3.3 Elektrodermale Aktivität (EDA)

Unter dem Begriff »elektrodermale Aktivität« (electrodermal activity, EDA) werden „meßbare Veränderungen bioelektrischer Eigenschaften der Haut" [5] über die Zeit verstanden. Dabei werden im wesentlichen drei Indikatoren unterschieden: die Hautleitfähigkeit (skin conductance level, SCL), der Hautwiderstand (skin resistance level, SRL) und das Hautleitpotenzial (Variabilität) [6]. Die elektrodermale Aktivität hängt signifikant mit der Schweißbildung zusammen, da die Fähigkeit der Hautoberfläche, Strom zu leiten, maßgeblich durch die Schweißproduktion beeinflusst wird. Das heißt, eine hohe Schweißsekretion fördert die Leitfähigkeit der Haut und führt entsprechend zu einer höheren elektrodermalen Aktivität [5]. Die Schweißausscheidung wird dabei unbewusst über das sympathische Nervensystem gesteuert [5]. Zur Ermittlung der elektrodermalen Aktivität werden zwei Elektroden an der Hautoberfläche angebracht, welche für gewöhnlich an der Innenfläche der Finger beziehungsweise an der Innenfläche der Hände platziert werden (siehe Abbildung 2) [40]. Die elektrodermale Aktivität wird dabei exosomatisch erfasst. Das bedeutet, dass eine geringe aber konstante elektrische Spannung an den entsprechenden Körperflächen angelegt wird, wodurch folglich ein Stromkreis entsteht und Strom durch den Körper fließt [5]. In Stresssituationen wird die Schweißproduktion deutlich angeregt. Man schwitzt mehr, woraus in der Folge ein Anstieg der elektrodermalen Aktivität resultiert, da die Haut einen geringeren elektrischen Widerstand aufweist. Tritt dagegen wieder eine Phase der Entspannung ein, so lässt sich das Gegenteil beobachten und die Hautleitfähigkeit sinkt als Reaktion auf eine rückgängige Schweißproduktion [5, 6].

■ **Abbildung 2** Die Sensoren zur Messung der elektrodermalen Aktivität werden an der Innenfläche der Finger angebracht (links) [40]. Die Messung der Herzaktivität kann über einen mit Sensoren ausgestatteten Brustgurt erfolgen (rechts) [10].

3.4   Atmung (RSP)

„[...] der rhythmische Wechsel von Vergrößerung und Verkleinerung des Thorax- und damit des Lungenvolumens" [34] wird als Atmung (Respiration) bezeichnet. Mit jedem Atemzug ist eine Bewegung im Thoraxbereich erkennbar. Das Anheben und Absenken des Thoraxbereiches kann dabei mit Hilfe eines Dehnungssensors gemessen werden. Hierfür kommt ein sogenannter Atmungsgurt mit integriertem Dehnungssensor zum Einsatz, welcher am Oberkörper angebracht wird [17, 37]. Das Heben und Senken des Thoraxbereiches wird dabei durch den Dehnungssensor erfasst. Die Atmung kann als ergänzender physiologischer Parameter zusammen mit anderen Messverfahren, wie beispielsweise der elektrodermalen Aktivität oder der Elektromyographie, eingesetzt werden. Die Atmung kann jedoch auch unabhängig von anderen physiologischen Messverfahren genutzt werden. Der Atmungsrythmus kann dabei mit emotionaler Erregung in Verbindung stehen [15, 17]. Beispielsweise kann ein Anstieg der Respirationsrate mit antizipatorischer Angst in Beziehung gebracht werden [17, 24].

3.5 Blutdruck (RR)

Der Blutdruck (blood pressure, RR) ist ebenfalls ein bedeutsamer Parameter zur Erfassung emotionaler Erregung. Unter dem Begriff Blutdruck wird „der Druck verstanden, unter dem die Wände der Arterien während der Herzaktion stehen" [36], sprich der arterielle Druck in den Gefäßen. Der Blutdruck kann nicht-invasiv gemessen werden, indem man eine Blutdruckmanschette am Oberarm oder am Handgelenk anbringt. Die Manschette wird automatisch bis zu einem vordefinierten Druck mit Luft aufgepumpt und anschließend wird die Luft wieder langsam abgelassen [18]. Analysiert man die Blutdruckwerte, können diese zum Beispiel in Stresssituationen innerhalb kürzester Zeit drastisch nach oben schnellen und somit ein Anzeichen für emotionale Erregung darstellen [36].

4 State of the Art

„The development of smaller sensors and wireless communications is revolutionizing the ubiquity of monitoring and the availability of physiological Data for personal use." [9, 28] Wie Dobbins und Fairclough in Anlehnung an Pantelopoulos und Bourbakis erläutern, ist die allgegenwärtige Überwachung und die Verfügbarkeit von physiologischen Daten in Folge des technischen Fortschritts mittlerweile in unserer Gesellschaft angekommen. Die allgegenwärtige Verfügbarkeit und Überwachung werden unter anderem durch den Gebrauch von Systemen und Wearables ermöglicht, welche mit Sensoren ausgerüstet sind. Physiologische Signale haben jedoch auch längst in der Forschung und Wissenschaft große Bedeutung erlangt, besonders im Bereich der Emotionserfassung. Der aktuelle Forschungsstand zeigt, dass man unter Berücksichtigung von physiologischen Signalen Rückschlüsse über emotionale Zustände erhalten kann.

4.1   AffectAura

Den meisten Menschen bereitet es keine großen Schwierigkeiten, sich an ihren emotionalen Zustand des vorherigen Tages zu erinnern und sich über diesen Zustand bewusst zu werden. Würde man eine Person jedoch nach ihrem emotionalen Zustand vor zwei Monaten fragen, so würde die befragte Person vermutlich nur noch eine wage Aussage über den zurückliegenden Emotionszustand treffen können. Beispielsweise für die Einschätzung psychischer Gesundheitsprobleme oder für die Bewertung der Sozialisierungsgewohnheiten kann es allerdings von enormer Bedeutung sein, sich auch über länger in der Vergangenheit zurückliegende Gefühlszustände bewusst zu sein. Eine mögliche Lösung, um einer Person die Reflexion ihrer emotionalen Zustände über eine längere Zeitspanne hinweg zu ermöglichen, nennt sich AffectAura [26]. Bei AffectAura handelt es sich um eine sogenannte »emotionale Prothese«, die über einen multimodalen sensorischen Aufbau verfügt. Um den Gefühlszustand eines Menschen in allen Facetten zu erfassen, greift AffectAura auf eigens und kontinuierlich protokollierte Daten zurück, die neben audio- und videobasierten Daten auch physiologische sowie kontextbezogene Daten umfassen [26]. Zur Gewinnung dieser Daten wird eine Kombination aus tragbaren und an bestimmten Plätzen fest stationierten Sensoren genutzt:

- **Mikrofon**: Veränderungen der Stimme können Hinweise auf emotionale Erregung liefern und mittels Mikrofonen detektiert werden. Die Veränderungen können dabei beispielsweise anhand des Tonfalls, der Lautstärke oder anhand des Redeflusses sowie der Pausensetzung ermittelt werden.
- **Webcam**: Mit Hilfe von Videoaufzeichnungen lassen sich Änderungen der Mimik, also des Gesichtsausdrucks sowie der Gesichtsbewegungen, festhalten. Des Weiteren können mittels einer Webcam die Kopfbewegungen des Probanden aufgezeichnet werden.
- **Kinect**: Auch in Form von Körperbewegungen und in Form der Körperhaltung können sich Veränderungen der emotionalen Lage äußern. Durch den Einsatz eines Kinect-Systems wird die Erfassung der Körperhaltung und der Körperbewegungen ermöglicht.
- **GPS**: Durch das Tragen eines GPS-Gerätes ermöglicht der Proband die Aufzeichnung von GPS-Daten, durch die ermittelt werden kann, an welchen Standorten und Lokalitäten sich der Proband beispielsweise zu Zeiten einer emotionalen Erregung befunden hat.
- **EDA-Sensor**: Eines der aussagekräftigsten physiologischen Merkmale, um Veränderungen im Gefühlszustand zu erfassen, ist die elektrodermale Aktivität [4, 26]. Um diese aufzuzeichnen, kommen tragbare EDA-Sensoren zum Einsatz.

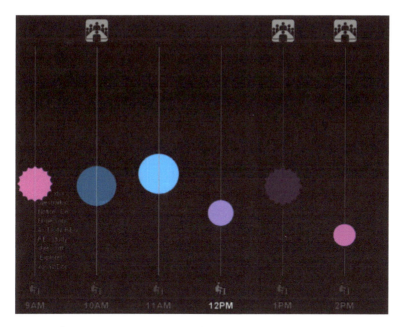

Abbildung 3 Das User Interface von AffectAura enthält Glyphen, in denen die multimodalen Informationen kodiert sind [26].

Abbildung 3 visualisiert das AffectAura User Interface, welches die erfassten multimodalen sensorischen Informationen in zeitlicher Abfolge darstellt. Zur Visualisierung verwendet Affect Aura Glyphen. Mit Hilfe der Glyphen werden die multimodalen Informationen kodiert. Die Farbe des Glyphen repräsentiert die Valenz des affektiven Zustandes. Dabei steht die Farbe Blau für negative Gefühlsregungen, Lila für neutrale Gefühlsregungen und die Farbe Pink verkörpert einen positiven Gefühlszustand. Der Erregungszustand (Arousal) äußert sich in der Form des Glyphen. Eine kreisartige Darstellung spiegelt die Eigenschaft »ruhig« wider, während hingegen eine zackige Formung des Glyphen für die Eigenschaft »aufgepumpt«, also für eine hohe Erregungsaktivität, steht. Das Nutzerengagement wird über die Opazität des Glyphen definiert. Eine hohe Transparenz, sprich eine niedrige Opazität, ist einem geringerem Nutzerengagement zuzuordnen. Zudem hängt die Größe und Höhe des Glyphen von der Desktopaktivität des Benutzers ab. Je stärker die Desktopaktivität ausgeprägt ist, desto größer der Glyph und desto höher auch die Position des Glyphen. Die Desktopaktivität wird dabei im Wesentlichen anhand der Dateiaktivitäten auf dem Desktop bestimmt, wozu beispielsweise das Senden und Empfangen von Emails sowie das Verwenden von Anwendungen zählen. AffectAura verkörpert somit ein Tool, welches den Gefühlszustand einer Person durch Verwendung multimodaler Sensoren über eine länger Zeitspanne hinweg erfasst und die Ergebnisse übersichtlich visualisiert. Dies ermöglicht dem Anwender von AffectAura folglich durch eine kontinuierliche Protokollierung die Reflexion seines emotionalen Zustandes.

4.2 Affective Diary

Einen ähnlichen Ansatz zur Reflexion von erlebten Emotionen wie AffectAura verfolgt auch das sogenannte »Affective Diary« [23]. Die Idee des Affective Diary besteht darin, eine Art personalisiertes, digitales Tagebuch zu erstellen, welches es dem Nutzer ermöglicht, bestimmte Momente und Ereignisse nochmals möglichst gefühlsecht zu durchleben. Das »Tagebuch« umfasst dabei neben vom Verwender hochgeladenen Sensordaten auch die Inhalte und Aktivitäten seines Smartphones, wie zum Beispiel die vom Anwender verfassten Nachrichten oder die von ihm erstellten Fotos. Zur Erfassung der Sensordaten wird der Nutzer mit verschiedenen Arten von Sensoren ausgestattet. So trägt der Benutzer beispielsweise einen Schrittzähler sowie einen Beschleunigungsmesser, mittels derer sein Bewegungsmuster getrackt wird. Zudem ermitteln die Sensoren durch Messung des Pulses und der elektrodermalen Aktivität die Erregungszustände des Trägers. Die erfassten Sensordaten und Smartphoneinhalte werden anschließend zu einem Affective Diary zusammengeführt [23]. Die Anwender erhalten eine grafische Illustration ihres Tagesverlaufs in Form von menschenähnlichen Charakteren. Insgesamt existieren sieben unterschiedliche Charaktere, die jeweils durch eine andere Körperhaltungen dargestellt sind. Jeder dieser sieben Darstellungsformen steht dabei für ein unterschiedliches Ausprägungsniveau hinsichtlich der Bewegung und des Erregungszustands. Die Charaktere können darüber hinaus in sechs verschiedenen Farben dargestellt werden, welche die Stärke der emotionalen Erregung repräsentieren. Die Farbkodierung reicht dabei von »rot« für eine starke Erregung bis hin zu »blau« für eine schwache emotionale Erregung. Zusätzlich zu den visualisierten Sensordaten können im Affective Diary auch die Inhalte und Aktivitäten aus der Smartphonebenutzung illustriert werden. So können während des Tages geschossene Bilder in das digitale Tagebuch eingebunden werden oder die ausgehenden und eingehenden Nachrichten in Form von zu- beziehungsweise abnehmenden Kreissymbolen dargestellt werden.

Ähnlich wie AffectAura stellt das Affective Diary demzufolge ein Tool dar, welches versucht, emotionale Zustände eines Menschen unter Verwendung physiologischer Signale und Daten visuell aufbereitet wiederzugeben und den Nutzer dadurch zu einer Reflexion seiner Gefühlszustände zu animieren.

4.3 FEEL

Ein weiterer wissenschaftlicher Ansatz, um unter Berücksichtigung physiologischer Signale Rückschlüsse auf den emotionalen Zustand eines Individuums zu erhalten, stellt das System FEEL (Frequent EDA and Event Logging) dar [1]. FEEL verbindet kontextuelle Informationen eines Ereignisses sowie die während dem entsprechenden Ereignis aufgezeichneten elektrodermalen Daten eines Nutzers. Nach der Analyse der so erfassten Inputdaten liefert der FEEL Backend-Server ein Journal aus, welches die emotionalen Daten des Users mit den erlebten Ereignissen verknüpft und mit Hilfe dessen der Anwender somit seine physiologischen Reaktionen reflektieren kann. Um ein aussagekräftiges und umfassendes Journal erstellen zu können, muss das FEEL System möglichst umfangreiche Inputdaten erheben. Dazu greift FEEL auf Daten aus Smartphoneanwendungen, wie zum Beispiel den Terminkalender oder den E-Mail Account, zu, um an Kontextdaten zu gelangen. Zur Erfassung physiologischer Signale, wie insbesondere der elektrodermalen Aktivität, werden dagegen Biosensoren eingesetzt, meistens in Form eines sensorischen Armbands [1]. Die Protokollierung der elektrodermalen Aktivität durch das System startet beispielsweise mit dem Eingang einer SMS oder eines Anrufs oder mit dem Beginn eines im Kalender hinterlegten Termins. Sobald die SMS-Ansicht oder das Telefonat beendet wird beziehungsweise der Kalendertermin endet, stoppt das FEEL System die Messung der elektrodermalen Aktivität. Nach der Erfassung der elektrodermalen Aktivität werden die gewonnenen physiologischen Daten zusammen mit den ereignisbezogenen Kontextinformationen an den FEEL Backend-Server übermittelt. Dieser analysiert den erhaltenen Datensatz insbesondere hinsichtlich des Stressniveaus und sendet die Ergebnisse visualisiert in Form eines Journals an den User zurück. Um das Stresslevel möglichst zutreffend ermitteln zu können, wird der User in der Anfangsphase der Systemnutzung aufgefordert, unmittelbar nach Durchleben der Ereignisse eine Einstufung seines empfundenen Stresslevels vorzunehmen [1]. Die vorgenommenen Einstufungen ermöglicht eine nutzerspezifische Kalibrierung des FEEL Systems, um dem Anwender in der Folge ein möglichst zutreffendes Journal zu liefern. Das Journal umfasst dabei zwei unterschiedliche Darstellungsformen (siehe Abbildung 4): die Kalenderansicht und die Listenansicht. Während die Kalenderansicht dem Nutzer einen unmittelbaren Überblick über das Stressniveau der einzelnen Tage verschafft, bietet die Listenansicht hingegen eine detaillierte und chronologische Auflistung aller Ereignisse eines Tages. In beiden Ansichten spielt die Farbkodierung eine ausschlaggebende Rolle, da durch die Farbgebung die unterschiedlichen Stresslevel repräsentiert werden. Die Farbe Rot steht für ein hohes Stressniveau, die Farbe Orange für ein durchschnittliches beziehungsweise mittleres Stresslevel und die Farbe Grün assoziiert ein geringes Stressaufkommen.

Abbildung 4 Im Rahmen von FEEL kann das Journal entweder als Kalenderansicht (links) oder als Listenansicht (rechts) aufgerufen werden [1].

Die »Frequent EDA and Event Logging« - Anwendung repräsentiert demzufolge ein System, welches die Kontextinformationen und physiologischen Sensordaten über die Dauer eines Ereignisses erfasst sowie anschließend analysiert und das Ergebnis in einem Journal visualisiert. Das Journal kombiniert die vom User durchlebten Ereignisse mit dessen dabei empfundenen Emotionen, besonders hinsichtlich seines Stresslevels. Die visualisierte Darstellung in Form des Journals ermöglicht es dem Nutzer somit, die von ihm durchlebten Ereignisse und seine physiologischen Reaktionen darauf langfristig zu reflektieren.

5   Fazit

Die Erfassung menschlicher Emotionen wird sich in Zukunft zu einer Thematik von immer größerer Bedeutung für Forschung und Wissenschaft entwickeln. In Zeiten des technologischen Fortschritts folgt eine Neuheit auf die andere. Im Zuge des dadurch entstehenden Konkurrenzkampfes um die besten technischen Produkte sind die Entwickler von smarten Devices gezwungen, Produkte mit immer besseren und immer fortschrittlicheren Funktionen auszustatten. Angesichts der bereits existierenden Funktionalitäten Intelligenter Systeme scheint es daher nur noch eine Frage der Zeit zu sein bis der nächste revolutionäre Schritt erfolgt und Systeme, wie zum Beispiel Amazon Echo, dazu in der Lage sind, menschliche Emotionen zu erfassen und passend auf diese zu reagieren. Die korrekte Erfassung von Emotionen stellt jedoch auf Grund der hohen Komplexität des menschlichen Verhaltens eine große Herausforderung dar. Da es sich bei Emotion um ein mehrdimensionales Konstrukt handelt, erfordert die Emotionserfassung neben audio- und videobasierten Verfahren insbesondere auch den Einbezug von physiologischen Signalen. Denn nur so gelingt es, die verschiedenen Komponenten von Emotion zu erfassen und ein ganzheitliches sowie zuverlässiges Bild des Gefühlszustandes einer Person zu erstellen. Nachdem Änderungen im Emotionszustand sehr häufig mit Änderungen der physiologischen Signale einhergehen, ist es wichtig, diese Art von Signalen möglichst genau zu bestimmen. Hierfür kommen unterschiedlichste Messverfahren zum Einsatz. Neben Oberflächenelektroden im Handbereich zur Erfassung der elektrodermalen Aktivität ist vor allem auch die Elektrokardiographie zur Bestimmung der elektrischen Herzaktivität als wesentliches Messverfahren zu nennen. Physiologische Messverfahren sind auch Bestandteil erster wissenschaftlicher Ansätze zur Thematik der Emotionserfassung durch physiologische Sensoren. So repräsentieren AffectAura, FEEL sowie das Affective Diary wissenschaftliche Anwendungen, welche die Gefühlszustände der Anwender unter Einbezug physiologischer Daten ermitteln und die Nutzer durch Visualisierung der Ergebnisse dazu animieren, erlebte Ereignisse und Erregungen zu reflektieren. Die wissenschaftlichen Ansätze lassen jedoch auch Limitationen hinsichtlich der auf physiologischen Signalen basierenden Emotionserfassung erkennen. Besonders am Beispiel von AffectAura wird deutlich, dass eine umfassende Ermittlung der Gefühlszustände eine hohe Bereitschaft des Anwenders erfordert. Dieser muss nämlich gewillt sein, sich einer permanenten Überwachung durch GPS-Sensoren, Webcams, Mikrofone etc. zu unterziehen, was nicht nur zu Einschränkungen in der Privatsphäre führt, sondern den Nutzer durch das Tragen von Sensoren und Elektroden am Körper ebenso in der Bewegungsfreiheit einschränkt. Das Affective Diary räumt zudem den Benutzern die Möglichkeit ein, ihre Ergebnisse nochmals eigenständig manuell zu überarbeiten und so mögliche Fehler in der durch das System vorgenommenen Emotionserfassung zu korrigieren [23]. Dies zeigt, dass derzeit existierende Anwendungen in aller Regel nochmals eine Überprüfung und gegebenenfalls Berichtigung der Ergebnisse durch den Nutzer selbst erfordern, da die Systeme aktuell noch nicht vollständig dazu in der Lage sind, die Gefühlszustände automatisch korrekt zu erfassen und einzuschätzen. Der Verwender kann sich folglich aktuell noch nicht »blind« auf die Resultate der Anwendungen verlassen. Neben den genannten Limitationen, die aktuell existierende Anwendungen aufweisen, ist die auf physiologischen Signalen basierende Emotionserfassung jedoch auch mit Chancen verbunden. Gelingt es

Intelligenten Systemen wie Amazon Echo in Zukunft, den emotionalen Zustand eines Anwenders zuverlässig unter Verwendung multimodaler Sensoren und Kontextinformationen zu ermitteln, so entwickeln sich aus diesen Geräten smarte Alltagsbegleiter, die sogar Einfluss auf den Gesundheitszustand des Nutzers haben können. In für den Benutzer mit Stress verbundenen Situationen werden nämlich sowohl das sympathische Nervensystem als auch das parasympathische Nervensystem aktiviert [1]. Das sympathische Nervensystem ist beispielsweise für die Anspannung der Muskeln verantwortlich, während das parasympathische Nervensystem hingegen versucht diesen ablaufenden Prozess zu überwachen. Sind beide Nervensysteme dabei über eine längere Zeit hinweg aktiviert, so können daraus gesundheitliche Probleme, wie zum Beispiel Depressionen, resultieren. Wie der Ansatz von FEEL zeigt, können dem Benutzer durch die Erfassung von physiologischen Signalen und Kontextinformationen konkret dessen emotionale Reaktionen auf die erlebten Ereignissen aufgezeigt werden. Die Reflexion der Gefühlszustände in Verbindung mit den entsprechenden Ereignissen können den Anwender Rückschlüsse über die emotionalen beziehungsweise physiologischen Auswirkungen der Ereignisse erkennen lassen. In der Folge wird der Nutzer beispielsweise versuchen, Situationen zu meiden, auf die er mit einem erhöhten Stresslevel reagiert hat. Durch die Vermeidung solcher stressigen Situationen kann das Stresslevel auf Dauer niedriger gehalten werden, sodass das Risiko einer eventuell eintretenden Depression als Folge einer dauerhaften Aktivierung des sympathischen und parasympathischen Nervensystems reduziert werden kann. Die Erfassung der emotionalen Zustände auf Basis physiologischer Signale kann somit wichtige Chancen mit sich bringen, weshalb sich in Zukunft noch intensiver mit der Emotionserfassung durch physiologische Sensoren beschäftigt werden sollte. Eine ganzheitliche Emotionserfassung kann alleine durch physiologische Signale jedoch nicht erfolgen. Um emotionale Erregungen ganzheitlich sowie zuverlässig zu erfassen und abzubilden, sollten neben physiologischen Daten nämlich ebenso audio- und videobasierte Daten sowie insbesondere auch ereignisbezogene Kontextinformationen berücksichtigt werden.

—— **Literatur** ————————————————————————————

1   Y. Ayzenberg, J. Hernandez, and R. Picard. FEEL: Frequent EDA and Event Logging – A Mobile Social Interaction Stress Monitoring System. In *CHI '12 Extended Abstracts on Human Factors in Computing Systems*, CHI EA '12, pages 2357–2362, New York, NY, USA, 2012. ACM. URL: http://doi.acm.org/10.1145/2212776.2223802, doi:10.1145/2212776.2223802.

2   J. Bortz and N. Döring. *Datenerhebung*, pages 321–577. Springer-Verlag Berlin Heidelberg, 5 edition, 2016. URL: https://doi-org.

emedien.ub.uni-muenchen.de/10.1007/978-3-642-41089-5_10, doi:10.1007/978-3-642-41089-5_10.

3   J. Bortz and Döring N. *Quantitative Methoden der Datenerhebung*, pages 137–293. Springer Berlin Heidelberg, 4 edition, 2007. URL: https://books.google.de/books?id=13GbPUYAUHsC.

4   W. Boucsein. *Electrodermal Activity*. Springer-Verlag, New York, 1992.

5   T. Bruns and N. Praun. *Physiologische Grundlagen und Ableittechnik*, pages 17–22. Vandenhoeck & Ruprecht, 2002. URL: https://books.google.de/books?id=Kfv75grOjHYC.

6   F. Dietz. *Aktivation*, chapter 2.2, page 28. MEDI-LEARN, Marburg, 1 edition, 2006. URL: https://books.google.de/books?id=oLlMib8BSUQC.

7   F. Dietz. *Emotion*, chapter 1.4, page 11. MEDI-LEARN, Marburg, 1 edition, 2006. URL: https://books.google.de/books?id=yDIyU97Mcd8C.

8   C. Disselhorst-Klug. Objektive Erfassung pathologischer Bewegungsmuster: muskuläre Koordination und Bewegungsanalyse. In J. Bahm, editor, *Bewegungsstörungen der oberen Extremität bei Kindern: Konservative und operative Therapie*, pages 67–78. Springer Berlin Heidelberg, 2017. URL: https://books.google.de/books?id=2pkuDwAAQBAJ.

9   C. Dobbins and S. Fairclough. Lifelogging Technologies to Detect Negative Emotions Associated with Cardiovascular Disease. In D. Al-Jumeily, A. Hussain, C. Mallucci, and C. Oliver, editors, *Applied Computing in Medicine and Health*, Emerging Topics in Computer Science and Applied Computing, chapter 2, pages 27–44. Elsevier Science, 2015. URL: https://books.google.de/books?id=iVG2BgAAQBAJ.

10 Polar Electro. POLAR H10 HERZFREQUENZ-SENSOR, 2018. abgerufen am 04. Januar 2018. URL: https://www.polar.com/de/produkte/accessoires/herzfrequenz_sensor_h10.

11 H. Faller and M. Schowalter. Theoretische Grundlagen. In H. Faller and H. Lang, editors, *Medizinische Psychologie und Soziologie*, pages 99–198. Springer-Verlag Berlin Heidelberg, 4 edition, 2016. URL: https://doi.org/10.1007/978-3-662-46615-5, doi:10.1007/978-3-662-46615-5.

12 A.C. Frenzel and E.J. Stephens. Emotionen. In T. Götz, A.C. Frenzel, M. Dresel, and R. Pekrun, editors, *Emotion, Motivation und selbstreguliertes Lernen*, pages 14–77. UTB GmbH, Paderborn, München, 2 edition, 2017. URL: https://books.google.de/books?id=yTg8DwAAQBAJ.

13 A. Haußmann. Emotionen in der Pflege. Die Rolle von Emotionen im Bewältigungsprozess bei pflegenden Angehörigen. Psychologische und praktisch-theologische Perspektiven. In L. Charbonnier, M. Mader, and B. Weyel, editors, *Religion und Gefühl: Praktisch-theologische Perspektiven einer Theorie der Emotionen*, chapter 2, pages 337–352. Vandenhoeck & Ruprecht, 2013. URL: https://books.google.de/books?id=F3RyBAAAQBAJ.

14 K.-P. Hoffmann. Biosignale erfassen und verarbeiten. In R. Kramme, editor, *Medizintechnik: Verfahren Systeme Informationsverarbeitung*, pa-

ges 617–638. Springer Berlin Heidelberg, Berlin, Heidelberg, 2006. URL: https://books.google.de/books?id=ngkiFaKTs4sC.

15 I. Homma and Y. Masaoka. *Breathing rhythms and emotions. Exp Physiol*, page 93: 1011–1021. Springer Verlag, 2008.

16 E. Kaniusas. *Biomedical Signals and Sensors I.* Springer Verlag, 2012.

17 C. Kappeler-Setz. *Multimodal Emotion and Stress Recognition.* PhD thesis, ETH Zurich, 2012.

18 E. Kellnhauser and L. Juchli. *Pflege*, page 357. Georg Thieme Verlag, Stuttgart, 2004. URL: https://books.google.de/books?id=ibrEYG7lvBQC.

19 T. Klauß and A. Mierke. *Digitale Trends*, chapter 1.3, pages 23–31. Carl Hanser Verlag GmbH & Company KG, 2017. URL: https://books.google.de/books?id=SL7ADgAAQBAJ.

20 H.W. Krohne. *Die Stressreaktion*, chapter 2, pages 7–40. Springer-Verlag Berlin Heidelberg, 2016. URL: https://books.google.de/books?id=aetNDQAAQBAJ.

21 J.S. Krug and U. Kuhl. *Was steuert unser Verhalten?*, chapter 1.1, pages 15–16. Kohlhammer, Stuttgart, 1 edition, 2006. URL: https://books.google.de/books?id=b5C-_C6emG8C.

22 W. Laube. Diagnostik der Leistungen des sensorischen Systems: Koordination-Ausdauer-Kraft. In W. Laube, C. Anders, C. Angleitner, G. Blümel, and A. Kannenberg, editors, *1Sensomotorisches System - Physiologisches Detailwissen für Physiotherapeuten*, Physiofachbuch, pages 228–274. Georg Thieme Verlag, Stuttgart, 2009. URL: https://books.google.de/books?id=c_A_6P7X-FQC.

23 M. Lindström, A. Ståhl, K. Höök, P. Sundström, J. Laaksolathi, M. Combetto, A. Taylor, and R. Bresin. Affective Diary: Designing for Bodily Expressiveness and Self-Reflection. In *CHI '06 Extended Abstracts on Human Factors in Computing Systems*, CHI EA '06, pages 1037–1042, New York, NY, USA, 2006. ACM. URL: http://doi.acm.org/10.1145/1125451.1125649, doi:10.1145/1125451.1125649.

24 Y. Masaoka and I. Homma. *The effect of anticipatory anxiety on breathing and metabolism in humans. Respir Physiol*, pages 128: 171–177. Springer Verlag, 2001.

25 J. Maxwill and N. Heinrichs. Diagnostische Verfahren der Emotionsregulation. In T. In-Albon, editor, *Emotionsregulation und psychische Störungen im Kindes- und Jugendalter: Grundlagen, Forschung und Behandlungsansätze*, chapter 3, pages 46–67. Kohlhammer, Stuttgart, 2013. URL: https://books.google.de/books?id=O3NtDAAAQBAJ.

26 D. McDuff, A. Karlson, A. Kapoor, A. Roseway, and M. Czerwinski. AffectAura: An Intelligent System for Emotional Memory. In *Proceedings of the SIGCHI Conference on Human Factors in Computing Systems*, CHI '12, pages 849–858, New York, NY, USA, 2012. ACM. URL: http://doi.acm.org/10.1145/2207676.2208525, doi:10.1145/2207676.2208525.

27   D. Morley and C.S. Parker. *System Software: Operating Systems and Utility Programs*, pages 176–211. Cengage Learning, Clifton Park, NY, 2016. URL: `https://books.google.de/books?id=CJV4CgAAQBAJ`, edition={16th},chapter={5}.

28   A. Pantelopoulos and NG. Bourbakis. *A Survey on Wearable Sensor-Based Systems for Health Monitoring and Prognosis.* IEEE Trans Syst Man Cybern C Appl Rev 2010; 40(1): 1-12.

29   K. Pfeifer and L. Vogt. Elektromyographie (EMG). In W. Banzer, K. Pfeifer, and L. Vogt, editors, *Funktionsdiagnostik des Bewegungssystems in der Sportmedizin: mit 20 Tabellen*, chapter 9, page 166. Springer Berlin Heidelberg, 2003. URL: `https://books.google.de/books?id=durqXU3ID7wC`.

30   K. Rothermund and A. Eder. *Emotion*, pages 165–204. VS Verlag für Sozialwissenschaften, 1 edition, 2011. URL: `https://doi.org/10.1007/978-3-531-93420-4_5`, doi:10.1007/978-3-531-93420-4_5.

31   C. Schmied, O. Gämperli, J. Steffel, and T.F. Lüscher. Kardiologische Diagnostik. In J. Steffel and T. Lüscher, editors, *Herz-Kreislauf*, pages 9–28. Springer-Verlag Berlin Heidelberg, 2 edition, 2014. URL: `https://books.google.de/books?id=sFKvBQAAQBAJ`.

32   W. Schröder. *Gesund & fit im besten Alter (40+): Vergiss die Angst vor Krankheit durch Lust auf Gesundheit.* BoD – Books on Demand, Norderstedt, 2016. URL: `https://books.google.de/books?id=5QOXAQAAQBAJ`.

33   E. Schröger. *Biopsychologische Methoden*, pages 35–66. VS Verlag für Sozialwissenschaften, 1 edition, 2010. URL: `https://doi.org/10.1007/978-3-531-92581-3_2`, doi:10.1007/978-3-531-92581-3_2.

34   M. Schünke, E. Schulte, and U. Schumacher. *Atemmechanik*, page 150. Georg Thieme Verlag, Stuttgart, 2 edition, 2009. URL: `https://books.google.de/books?id=XQkFsH-xrPEC`.

35   T.J. Schuster. *Elektroenzephalographische Erfassung des emotionalen Nutzerzustands in der simulierten Mensch–Maschine Interaktion.* PhD thesis, Universität Ulm, 2014.

36   A.P. Tausch and H.W. Krohne. *Physiologische Prozesse als Emotionsindikatoren*, pages 19–27. Kohlhammer Verlag, Stuttgart, 2013. URL: `https://books.google.de/books?id=nKxtDAAAQBAJ`.

37   H.J. Tinchon. *Methoden und Messverfahren der Psychophysiologie*, page 103. Psychologie: Forschung und Wissenschaft. LIT Verlag, Münster, 2011. URL: `https://books.google.de/books?id=vNOzNbH1HwgC`.

38   M.R. Tuga, R. Rupp, D. Liebetanz, L. Schmalfuß, E. Hübner, W. Doneit, R. Mikut, and M. Reischl. Co-Adaptives Lernen: Untersuchungen einer Mensch-Maschine-Schnittstelle mit anpassungsfähigem Systemverhalten. In F. Hoffmann and E. Hüllermeier, editors, *Proceedings. 23. Workshop Computational Intelligence, Dortmund, 5. - 6. Dezember 2013*, Schriftenreihe des Instituts für Angewandte Informatik - Automatisierungstechnik, Karlsruher

Institut für Technologie, pages 247–263. Karlsruher Institut für Technologie, 2013. URL: `https://books.google.de/books?id=OyWkAgAAQBAJ`.

39 C.Z. Wei. Stress Emotion Recognition Based on RSP and EMG Signals. In *Advances in Applied Science, Engineering and Technology*, volume 709 of *Advanced Materials Research*, pages 827–831. Trans Tech Publications, 7 2013. `doi:10.4028/www.scientific.net/AMR.709.827`.

40 M. Wiedemann. Peripheres Biofeedback. In K.M. Haus, C. Held, A. Kowalski, A. Krombholz, M. Nowak, E. Schneider, G. Strauß, and M. Wiedemann, editors, *Praxisbuch Biofeedback und Neurofeedback*, pages 25–44. Springer-Verlag Berlin Heidelberg, 2 edition, 2015. URL: `https://books.google.de/books?id=ivEUCwAAQBAJ`.

41 P. Zimmermann and A. Iwanski. Entwicklung der Emotionsregulation in Kindheit und Jugend. In T. In-Albon, editor, *Emotionsregulation und psychische Störungen im Kindes- und Jugendalter: Grundlagen, Forschung und Behandlungsansätze*, chapter 2, pages 27–45. Kohlhammer, Stuttgart, 2013. URL: `https://books.google.de/books?id=O3NtDAAAQBAJ`.

Erfassen von Emotionen durch Beobachtung des Gesichts

Maximilian Rettinger

Ludwig-Maximilians-Universität München, München, Deutschland
maximilian.rettinger@campus.lmu.de

—— **Zusammenfassung** —————————————————————————

Menschen können auf unterschiedliche Arten kommunizieren. Sie reden, schreien, flüstern, lachen oder weinen. Ein Mensch kann daher "nicht" nicht kommunizieren. Im Bereich der Kommunikation (zum Beispiel von Emotionen oder sozialen Signalen) ist das Gesicht einer der ausdrucksstärksten Kanäle für affektive und kognitive Informationen, weshalb es äußerst interessant ist, diese Informationen zu erfassen und richtig zu interpretieren. Daher befasst sich diese Ausarbeitung damit, wie Emotionen aus dem Gesicht detektiert werden können. Dabei wird sich auf die Aspekte der technischen Umsetzung, dem Stand der Technik sowie der daraus resultierenden Möglichkeiten bezogen.

1998 ACM Subject Classification H.5.2. User Interface

Keywords and phrases Emotionserfassung, Gesichtsausdruck, Affectiva, Crowdsourcing, Facial expression recognition

1 Einleitung

Die folgende Ausarbeitung behandelt das Thema, wie Emotionen anhand des Gesichts erfasst und interpretiert werden können. Hierbei wird zunächst erklärt, was Emotionen sind. Gefolgt von einigen technischen Möglichkeiten, mit welchen Emotionen erkannt werden können. Daran schließt die technische Umsetzung für die Erfassung der Gesichtsmimik sowie der aktuelle Stand der Technik an. Die Ziele dieser Arbeit sind die Vor- und Nachteile der Detektion mittels Mimik sowie potenzielle Anwendungsmöglichkeiten zu erkennen.

2 Definition von Emotionen

Die genaue Definition von Emotion ist in der Psychologie recht umstritten, jedoch kann vereinfacht gesagt werden, dass Emotionen „Gefühlszustände" wie Angst, Wut oder Ekel sind, welche in ihrer Intensität und Dauer variieren [8, S.

26]. Meist beziehen sich diese auf bestimmte Personen, Ereignisse oder Objekte. Zum Beispiel ärgern wir uns über ein verlorenes Portemonnaie oder freuen uns über eine Lohnerhöhung. Während wir einen solchen Zustand durchlaufen, kommunizieren wir diesen anhand unseres Gesichtsausdrucks, der Gestik sowie Körperhaltung nach außen. Laut des amerikanischen Anthropologen und Psychologen Paul Ekman besitzt der Mensch folgende Basisemotionen (siehe Abbildung 1: a) - f): Ekel (a), Freude (b), Traurigkeit (c), Ärger (d), Furcht (e) und Überraschung (f) [13, S. 416].

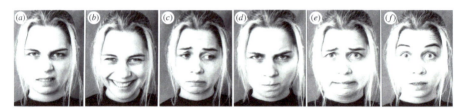

■ **Abbildung 1** Sechs Emotionen nach Paul Ekman [6].

Aus diesen Emotionen entstehen unterschiedliche muskuläre Reaktionen wie zum Beispiel das Runzeln der Stirn oder Rümpfen der Nase. Diese Reaktionen unterscheiden sich kulturell kaum voneinander [9, S. 8]. Umso höher die Intensität einer solchen Reaktion ist, umso schlechter lässt sich diese durch den Verstand regulieren beziehungsweise manipulieren [9, S. 16]. Zudem sagen Emotionen auch etwas über Personen aus, über das sich diese teilweise selbst noch nicht im Klaren sind. Aus diesem Grund besteht ein hohes Potenzial im Bereich der Emotionsanalyse, da diese helfen kann sich selbst und seine Mitmenschen besser zu verstehen und somit auch Problemen entgegenzuwirken.

3   Technische Implementierungen

Aktuell gibt es verschiedene technische Möglichkeiten, mit welchen man emotionale Zustände anhand von Messdaten erfassen beziehungsweise definieren kann.

- Dies ist einerseits mittels physiologischer Signale möglich, indem Vitaldaten wie zum Beispiel die Herzfrequenz, Hauttemperatur, Hautleitfähigkeit oder Muskelaktivität gemessen und verarbeitet werden. Hierbei gibt es bereits positive Ergebnisse, welche mit dem Armband "E4" erzielt wurden. Dies ist allerdings auch im Gesicht mittels Elektromyografie möglich, diese misst die elektrischen Aktivitäten der Muskeln mittels Oberflächenelektroden [18].
- Die akustische Erfassung kann ebenfalls dazu dienen, Emotionen zu erfassen. Denn beim Sprechen gibt es bestimmte Merkmale wie zum Beispiel

den Ton, das Tempo, die Modulation und die Lautstärke. Anhand dieser Charakteristika ist es mit dem Mikrofon eines handelsüblichen Smartphones möglich, die Emotionen zu bestimmen [4].

- Eine weitere Möglichkeit ist es, Emotionen anhand der Mimik beziehungsweise des Gesichtsausdrucks zu erkennen, was bereits mit einer normalen Kamera im 2D-Bereich möglich ist. Die vorliegende Arbeit fokussiert sich auf diese Möglichkeit und erläutert in den folgenden Abschnitten wie dies technisch realisiert wird, wie der Stand der Technik ist und welche zukünftigen Möglichkeiten daraus resultieren.

4   Technische Umsetzung

Wie werden Emotionen anhand des Gesichts erfasst? Beim Aussenden von Emotionen spielt die Mimik eine große Rolle, denn diese kann aufgrund der komplexen Gesichtsmuskulatur eine Vielzahl an Gesichtsausdrücken darstellen. Vereinfacht gesagt, ist Mimik die sichtbare Bewegung der Gesichtsoberfläche wie zum Beispiel das Verformen der Augen und des Mundwinkels beim Lachen. Anhand dieser Bewegungen kann wiederum das menschliche Empfinden festgestellt werden.

Um diese Bewegungen automatisch codieren beziehungsweise erfassen und interpretieren zu können, gibt es verschiedene technische Möglichkeiten, wobei nun näher auf die AFFDEX Software eingegangen wird [20]. Die funktionsweise des Software-Entwicklungstools wird im folgenden beschrieben.

4.1   Gesicht- und Merkmalserkennung

Als Erstes ist es notwendig, ein Gesicht zu erfassen. Hierfür wird der Viola-Jones-Detektor verwendet, welcher aufgrund seiner guten Ergebnisse sowie schnellen Laufzeit überzeugt [23]. Dies ist auf die Kaskadenstruktur sowie die blockbasierten Merkmale rückzuführen. Allerdings werden nur Gesichter aus einem frontalen Blickwinkel erkannt [22]. Nachdem ein Gesicht erkannt wurde, werden diesem 34 Orientierungspunkte wie Mund, Nase, Augen oder Wangen zugewiesen und die Kopfhaltung sowie der Augenabstand errechnet.

4.2   Merkmalsextraktion und Klassifizierung

Anschließend werden die Gesichtspunkte verwendet, um die Merkmale mithilfe des Histogramms von gerichteten Gradienten (HOG) zu extrahieren. Diese Merkmale werden verwendet, um mittels der Support Vektor Maschine (SVM) die Gesichtsbewegungen zu klassifizieren. Momentan liegt die Genauigkeit der Emotionsklassifizierung, mit solch einem Verfahren bei 90 Prozent [2].

4.3   Gesichtausdruck einer Emotion zuweisen

Die Codierung basiert auf dem EmFacs System von Paul Ekman. EmFacs steht für „Emotion Facial Action Coding System" und ist eine weit verbreitete Taxonomie für die Codierung der Gesichtsreaktion. Es erkennt wie sich bestimmte anatomische Merkmale im Gesicht verändern und ob damit eine bestimmte Ausdrucksveränderung (Action Unit, AU) gegeben ist. Eine ist zum Beispiel das Zusammenziehen der Augenbrauen. Abbildung 2 zeigt wie ein Gesicht in verschiedene Action Units unterteilt werden kann. Dabei steht die Zahl für die bestimmte Action Unit und der dahinter liegende Buchstabe für die Intensität (gering (A) - hoch (E)) dieser Bewegung. Insgesamt gibt es 44 Action Units, diese sind folgendermaßen aufgeteilt: im Obergesicht 12 und im Untergesicht 32. Anhand der vorher erfassten Bewegungen können diese definiert und mithilfe eines Regelsystems die Emotion zugewiesen werden [10].

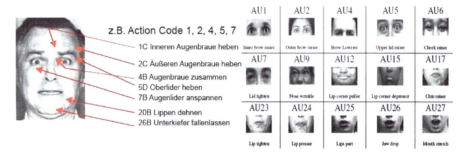

Abbildung 2 Gesichtsbewegungs-Kodierungssystem (Facs) [5].

Abbildung 3 Affdex Demoanwendung mit Ausgabedaten [1].

4.4   Zusätzliches

Das System besitzt zudem einen Klassifikator, welcher ermöglicht, das Geschlecht zu bestimmen. Des Weiteren kann festgestellt werden, ob die erfasste Person eine Brille trägt. Die Besonderheit an diesem Software-Entwicklungstool besteht nicht nur darin, dass es in andere Anwendungen integriert werden kann, sondern auch auf mobilen Geräten Gesichtsausdrücke in Echtzeit erfasst. Das Ganze ist möglich, da die zu berechnenden Frames je nach Hardware variieren. In der Regel sind bei einem Smartphone 10 FPS (Bilder pro Sekunde) und bei einem Notebook oder PC 30 FPS zu errechnen. Abbildung 3 zeigt die zugewiesenen Gesichtspunkte. Zudem befinden sich links vom Gesicht die Emotion und rechts die Action Units mit ihrem entsprechenden Ranking.

5   Stand der Technik

Es wurden bereits mehrere Anwendungen entwickelt, welche die erfassten Emotionen weiter interpretieren beziehungsweise neue Möglichkeiten damit schaffen. In diesem Abschnitt wird näher auf die verschiedenen Anwendungen eingegangen.

5.1   Videoanalyse - Crowdsourcing

Seit 2003 treiben zahlreiche Videoportale das Thema Video im Internet an. Youtube ist hierfür vermutlich eines der bekanntesten Beispiele, auf welchem es eine Vielzahl an unterschiedlichen Genre gibt [7]. Unter anderem gibt es Videos, in welchen:

- Geräte ausgepackt und erklärt werden (Unboxing)
- Über aktuelle Themen informiert wird (News)
- Spezielle Themen erklärt werden (Tutorial)
- Lieder von verschiedenen Interpreten wiedergegeben werden (Musik)

Wird zudem noch die hohe Anzahl an Werbevideos aus dem Internet, Kino und Fernsehen betrachtet, ist eine starke kommerzielle Bedeutung zu erkennen [17]. Daher ist es für die Anbieter der Videos wichtig, die daraus resultierenden Emotionen zu erfassen. Denn anhand dieser ist es möglich, die Gedanken der Betrachter zu analysieren und dementsprechend den Inhalt zu optimieren.

Studien zeigen, dass die Einstellung zur Werbung sowie zur Marke von den Emotionen des Zuschauers beeinflusst wird [11]. Es ist sogar möglich, den Verbraucher dazu zu bringen, sich einen Werbespot anzusehen [21]. Die meisten dieser Studien wurden kostspielig und zeitaufwendig in Laboren durchgeführt. Da Umgebungen wie ein Labor das Gesichtsverhalten beeinflussen, ist es wichtig Personen in alltäglichen Situationen zu beobachten, wofür das System von Affectiva entwickelt wurde [16]. Die Idee dahinter ist, dass Testpersonen unkompliziert und schnell von zu Hause aus teilnehmen können, ohne zusätzliche Software installieren zu müssen. Denn es wird nur ein Computer, eine Webcam und ein Webbrowser mit Flash benötigt. Technisch realisiert wird dies, indem das von der Webcam aufgezeichnete Video direkt an einen Server weitergeleitet wird. Dieser analysiert den Stream und sendet das daraus resultierende Ergebnis wieder an den Client zurück. Abbildung 4 veranschaulicht den Aufbau der Benutzeroberfläche, in welcher abgesehen von den errechneten Werten wie der Ausdruckskraft, Aufmerksamkeit, Konzentration, Abneigung oder Überraschung auch noch nach bestimmten Attributen selektiert werden kann. Diese wären einerseits, ob der Betrachter den Werbespot bereits kannte, aber auch das Alter, Geschlecht und der Standort.

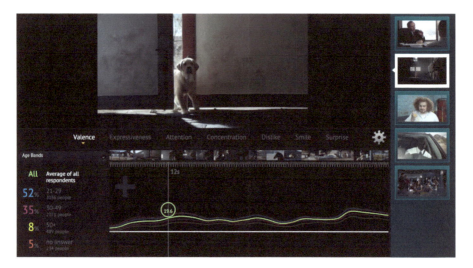

Abbildung 4 Affectiva Benutzeroberfäche der Webanwendung [3].

Das Besondere hierbei ist, dass alles in Echtzeit passiert und die Testperson ihre Emotion live unter dem Video mitverfolgen kann, weshalb die Auflösung auch nur 320 x 240 Pixel mit 15 FPS beträgt. Zudem werden Probanden anhand populärer Medien für die Teilnahme motiviert, was wiederum bedeutet, dass diese Methode keine Bezahlung oder Rekrutierung der Probanden fordert.

In einer Studie zu diesem System wurden die Reaktionen auf drei absichtlich amüsante Werbevideos getestet, um eine Beziehung zwischen dem Lächeln und spezifischer Fragen zu untersuchen. Hierfür wurden zunächst die Videodaten der Testpersonen erfasst und anschließend folgende drei Multiple-Choice-Fragen beantwortet:

- Hat dir das Video gefallen?
- Hast du es schon einmal gesehen?
- Würdest du dieses Video noch einmal ansehen?

Daraus resultierte, dass die Ergebnisse der automatischen Analyse des Gesichts und der Fragen übereinstimmen. Zudem wurden in Bezug auf die Beliebtheit eines Werbespots, signifikante Unterschiede in der Intensität sowie

Dynamik des Lächelns aufgezeigt. Was wiederum bedeutet, dass dieses System verwendet werden kann, um die Vorlieben der Zuschauer zu erfassen. Dies ist ein Grund dafür, dass Unternehmen wie MARS, Kellogg's, Unilever oder CBS diese Technologie bereits einsetzen, um ihren Videoinhalt zu prüfen [19]. Weltweit wurden seit dem Jahr 2011 mehr als drei Millionen Videos aus verschiedenen Bereichen erfasst. Diese waren unter anderem:

- Werbevideos und Filmtrailer
- Politische Debatten und Reden
- Pilotfilme

Aufgrund dieser Daten konnte eine breite Palette an Gesichtsbewegungen verwendet werden, um die Genauigkeit des Klassifikators zu optimieren, wodurch bei Videos mit einer schlechten Auflösung oder schlechten Lichtverhältnissen, nun bessere Ergebnisse erzielen werden können. Ein Problem in Bezug auf die Ergebnisse besteht allerdings, wenn Testpersonen zum Beispiel essen, sprechen oder von anwesenden Personen beeinflusst werden. Die erfassten Daten zeigen jedoch, dass die Unaufmerksamkeit in den meisten Fällen minimal ist [19].

5.2   Emotionale Nachrichten - Messenger

Egal ob in der U-Bahn, im Bus oder auf der Straße - fast überall sind Menschen anzutreffen, welche ein Smartphone in der Hand halten und damit Textnachrichten schreiben. Bei genauerem Betrachten dieser Personen sind oft Mimik-Reaktionen wie zum Beispiel ein Lächeln oft zu erkennen. Jedoch kann der Sender der Nachricht die Reaktion des Empfängers nicht wahrnehmen, wodurch die zwischenmenschliche Kommunikation beeinträchtigt wird.

Um dies zu optimieren, wurde in einer Studie ein prototypischer Messenger entwickelt und evaluiert [15]. Dieser erfasst die Emotion des Empfängers und sendet diese an den Sender zurück. Damit die Veränderung des Gesichtsausdrucks auf die Nachricht rückzuführen ist, wird das Gesicht beim Empfangen der Nachricht aufgezeichnet.

Aus technischer Sicht wird dies realisiert, indem der Client die gesammelten Bilder an einen Server sendet, welcher diese wiederum analysiert und das Ergebnis anschließend zurück an den Client sendet. Falls die Ergebniswerte über einem bestimmten Schwellwert liegen, wird die Emotion automatisch von der Applikation an den Gesprächspartner übermittelt.

Bei der Evaluation wurde festgestellt, dass die Reaktion des Partners auf die gesendete Nachricht als eine Art Belohnung wahrgenommen wird. Diese führt allerdings zu einem gewissen Druck in der Konversation. Befragungen der Testpersonen haben ergeben, dass sich mit den integrierten Emotionen die Verbundenheit der Chatpartner steigert.

6   Potenzielle Anwendungen

Um noch einmal zu verdeutlichen, welch enormes Potenzial in dem Bereich der Emotionserfassung besteht, wird folgend auf mögliche Bereiche beziehungsweise Anwendungen eingegangen.

6.1   Bildung

Videos im Bereich der Bildung haben sich in den letzten Jahren enorm verbreitet. Es gibt nicht nur Tutorials auf YouTube, sondern auch speziell dafür angelegte Plattformen wie Video2brain oder Lynda. Um die Qualität dieser Inhalte zu verbessern, könnte zum Beispiel das bestehende System von Affectiva helfen. Aber es besteht auch die Möglichkeit anhand der erfassten Emotionen das Video live zu steuern, indem zum Beispiel die Abspielgeschwindigkeit des Videos reduziert wird, sobald der Betrachter überfordert ist. Oder aber die Lautstärke erhöht wird, sobald die Aufmerksamkeit nachlässt.

Es ist allerdings auch möglich, solch ein System in Einrichtungen wie zum Beispiel einem Klassenzimmer zu integrierten. Dies ermöglicht, dass die emotionalen Zustände der Schüler einfach und schnell erfasst werden können und somit die lehrende Person den Unterricht ergebnisorientiert gestalten kann.

6.2   Gesundheit

Unser Wohlbefinden wird stark von unseren Emotionen beeinflusst, aber kaum einer reflektiert seine Emotionen am Ende des Tages. Daher wäre es interessant Stimmungsänderungen mit den dazu gehörenden Ereignissen aufzuzeichnen, um dann daraus Rückschlüsse zu ziehen. Eine weitere Anwendungsmöglichkeit hierfür wäre der Einsatz im psychiatrischen Bereich. Mit dieser Technik könnten die Gefühlszustände von gefährdeten Personen überwacht beziehungsweise analysiert und somit die Behandlung der Patienten bestmöglich gestaltet werden.

6.3   Unterhaltung - Spiele

Im Bereich der Spielindustrie ermöglicht diese Technologie ein komplett neues Spielerlebnis. Einerseits kann die Emotionserfassung dazu dienen, die Spiele zu analysieren und darauf aufbauend zu optimieren. Andererseits könnten die erfassten Emotionen auch in das Spiel integriert werden, um die Spielumgebung abhängig von dem emotionalen Zustand des Spielers zu gestalten. Hierbei wäre es zum Beispiel möglich, die virtuelle Umgebung je nach Stimmungslage anhand der Farbwerte und Helligkeit zu gestalten, um somit die Anspannung beziehungsweise das Empfinden der Spieler zu beeinflussen.

Eine weitere Möglichkeit wäre aber auch, die erfassten Emotionen als eine neue Art der Interaktion zu verwenden. Das heißt, dass ein Spieler zum Beispiel erst das nächste Level erreichen kann, wenn er sich in einem angespannten Zustand befindet.

6.4   Kommunikation

Im Bereich der Kommunikation besteht nicht nur wie bereits weiter oben erwähnt die Möglichkeit, Emotionen in Textnachrichten zu integrieren, sondern auch in Videokonferenzen. Zum Beispiel könnten hiermit Personen bei einem Bewerbungsgespräch über Skype besser analysiert werden. Für Datingportale gibt es ebenfalls interessante Möglichkeiten, zum Beispiel könnte während eines Chats, zwischen zwei Datingpartnern die Emotion analysiert werden, um anhand der emotionalen Überschneidungen die Sympathie zu definieren.

6.5   Selbstreflexion

Kaum ein Mensch kann eindeutig wissen, wie er auf seine Mitmenschen wirkt. Um sein eigenes Verhalten besser zu beobachten und eventuell zu optimieren, könnten die erfassten Daten der Emotionen Aufschluss darüber geben.

7   Ausblick

Emotionen weisen typische muskuläre Reaktionsmuster auf, welche sich kulturell kaum voneinander unterscheiden. Diese Reaktion kann mithilfe einer Kamera erkannt und die entsprechende Emotion anschließend von einem Computer abgeleitet werden. Das von Affectiva entwickelte Crowdsourcing System bietet aufgrund der enormen Zuschauerzahlen ein hohes Potenzial. Zudem können Personen, deren Standort aus den IP-Informationen ermittelt werden kann, überall auf der Erde daran teilnehmen. Allerdings war das Ergebnis bei einem Selbstversuch[1] nicht überzeugend. Der Grund hierfür war die benötigte Intensität, um eine Emotion zu erfassen. Womöglich könnte eine höhere Kameraauflösung sowie Framerate Emotionen und Mikroausdrücke (Micro expressions) [14] besser einfangen. Das Erweitern einer Textnachricht mit den erfassten Emotionen ist ein interessanter Ansatz - ob dies von der Gesellschaft akzeptiert wird, ist jedoch fragwürdig. In Kombination mit anderen Ansätzen, wie zum Beispiel der Emotionserfassung anhand des Tippverhaltens [12] könnten die Resultate womöglich optimiert werden. Zudem sollte bei der Kameraerfassung beachtet werden, dass der Anwender sich frontal vor der Kamera befindet und die Lichtverhältnisse angemessen sind.

---

[1] `https://affectiva.github.io/youtube-demo/`

Literatur

1 Affectiva affdex demoanwendung mit ausgabedaten. `http://www.createdigital.org.au/wp-content/uploads/2017/12/`. Accessed: 2018-02-02.

2 Affectiva Developer determining accuracy. `https://developer.affectiva.com/determining-accuracy/`. Accessed: 2018-02-02.

3 Crowdsourcing affectiva benutzeroberfäche der webanwendung. `https://labs-portal.affectiva.com/portal/web-demo`. Accessed: 2018-02-06.

4 Implementierung der sprachemotionserkennung für die interaktion mit dem mobile agent. In *Proceedings der 3. Internationalen Konferenz über Mensch-Agent-Interaktion*, pages 307–308. URL: `http://doi.acm.org.emedien.ub.uni-muenchen.de/10.1145/2814940.2815004`, doi:10.1145/2814940.2815004.

5 Paul Ekman facs kodierungssystem (bearbeitet). `http://emotionaldarktourism.blogspot.de/2015/04/classifying-facial-expressions-of.html/`. Accessed: 2018-02-02.

6 Paul Ekman sechs emotionen (bearbeitet). `http://rstb.royalsocietypublishing.org/content/royptb/364/1535/3505/F3.large.jpg/`. Accessed: 2018-02-02.

7 Youtube Kategorien. `http://de.youtube.wikia.com/wiki/Kategorie:Genre`. Accessed: 2018-01-16.

8 *Emotionen im Marketing*, pages 67–87. Gabler, Wiesbaden, 2006. URL: `https://doi.org/10.1007/978-3-8350-9086-6_4`, doi:10.1007/978-3-8350-9086-6_4.

9 Sven Barnow. Gefühle im griff! : wozu man emotionen braucht und wie man sie reguliert. Springer, Berlin, 2013. Access date: 2018-02-04. URL: `http://deposit.d-nb.de/cgi-bin/dokserv?id=4528105&prov=M&dok_var=1&dok_ext=htm`.

10 Christine Barthold, Anton Papst, Thomas Wittenberg, Christian Küblbeck, Stefan Lautenbacher, Ute Schmid, and Sven Friedl. Tracking von gesichtsmimik mit hilfe von gitterstrukturen zur klassifikation von schmerzrelevanten action units. In *Bildverarbeitung für die Medizin*, pages 455–459, 2010.

11 Rajeev Batra and Michael L. Ray. Affective responses mediating acceptance of advertising. *Journal of Consumer Research*, 13(2):234–249, 1986. URL: `http://www.jstor.org/stable/2489229`.

12 Douglas C. Derrick, Thomas O. Meservy, Jeffrey L. Jenkins, Judee K. Burgoon, and Jay F. Nunamaker, Jr. Detecting deceptive chat-based communication using typing behavior and message cues. *ACM Trans. Manage. Inf. Syst.*, 4(2):9:1–9:21, August 2013. URL: `http://doi.acm.org/10.1145/2499962.2499967`, doi:10.1145/2499962.2499967.

13 Paul Ekman. *What the face reveals : basic and applied studies of spontaneous expression using the facial action coding system (FACS)*. Series

in affective science. Oxford Univ. Press, New York, NY u.a., 1997. Access date: 2018-02-04. URL: http://www.loc.gov/catdir/enhancements/fy0605/96036655-d.html.

14 Paul Ekman. Lie catching and microexpressions. *In The philosophy of deception (2009)*, pages 118–135, 2009. Access date: 2018-02-04.

15 Jackson Feijó Filho, Thiago Valle, and Wilson Prata. Non-verbal communications in mobile text chat: Emotion-enhanced mobile chat. In *Proceedings of the 16th International Conference on Human-computer Interaction with Mobile Devices & Services*, MobileHCI '14, pages 443–446, New York, NY, USA, 2014. ACM. URL: http://doi.acm.org/10.1145/2628363.2633576, doi:10.1145/2628363.2633576.

16 Alan J Fridlund. Sociality of solitary smiling: Potentiation by an implicit audience. *Journal of personality and social psychology*, 60(2):229, 1991.

17 Erwin Lammenett. Praxiswissen online-marketing : Affiliate- und e-mail-marketing, suchmaschinenmarketing, online-werbung, social media, facebook-werbung. Springer Gabler, Wiesbaden, 6. auflage edition, 2017. Access date: 2018-02-04. URL: http://dx.doi.org/10.1007/978-3-658-15494-3, doi:10.1007/978-3-658-15494-3.

18 Mizuki Matsubara, Olivier Augereau, Charles Lima Sanches, and Koichi Kise. Emotional arousal estimation while reading comics based on physiological signal analysis. In *Proceedings of the 1st International Workshop on coMics ANalysis, Processing and Understanding*, MANPU '16, pages 7:1–7:4, New York, NY, USA, 2016. ACM. URL: http://doi.acm.org.emedien.ub.uni-muenchen.de/10.1145/3011549.3011556, doi:10.1145/3011549.3011556.

19 D. McDuff, R. el Kaliouby, and R. W. Picard. Crowdsourcing facial responses to online videos: Extended abstract. In *2015 International Conference on Affective Computing and Intelligent Interaction (ACII)*, pages 512–518, Sept 2015. doi:10.1109/ACII.2015.7344618.

20 Daniel McDuff, Abdelrahman Mahmoud, Mohammad Mavadati, May Amr, Jay Turcot, and Rana el Kaliouby. Affdex sdk: A cross-platform real-time multi-face expression recognition toolkit. In *Proceedings of the 2016 CHI Conference Extended Abstracts on Human Factors in Computing Systems*, CHI EA '16, pages 3723–3726, New York, NY, USA, 2016. ACM. URL: http://doi.acm.org/10.1145/2851581.2890247, doi:10.1145/2851581.2890247.

21 Thales Teixeira, Michel Wedel, and Rik Pieters. Emotion-induced engagement in internet video advertisements. *Journal of Marketing Research*, 49(2):144–159, 2012. URL: https://doi.org/10.1509/jmr.10.0207, arXiv:https://doi.org/10.1509/jmr.10.0207, doi:10.1509/jmr.10.0207.

22 P. Viola and M. Jones. Rapid object detection using a boosted cascade of simple features. In *Proceedings of the 2001 IEEE Computer Society Confe-*

rence on Computer Vision and Pattern Recognition. CVPR 2001, volume 1, pages I–511–I–518 vol.1, 2001. doi:10.1109/CVPR.2001.990517.

23   Paul Viola and Michael Jones. Rapid object detection using a boosted cascade of simple features. In *Computer Vision and Pattern Recognition, 2001. CVPR 2001. Proceedings of the 2001 IEEE Computer Society Conference on*, volume 1, pages I–I. IEEE, 2001.

Gedankensteuerung eines Computers durch elektrische Signale

Jonas Mattes

Ludwig-Maximilians-Universität München, München, Deutschland
j.mattes@campus.lmu.de

────── **Zusammenfassung** ──────────────────────────────────

Eine Gehirn-Computer-Schnittstelle (BCI) bietet viele Möglichkeiten und existiert in verschiedenen Hardwareformen. Jede Variation hat ihre Stärken, Schwächen und Risiken. Besonders interessant für den Verbraucher sind die auf der Elektroenzephalografie (EEG) basierenden Techniken, die unter Anderem durch ihre einfache Handhabung gekennzeichnet sind. Besondere Vorteile bieten diese Systeme insbesondere körperlich behinderten Menschen, wie Querschnittsgelähmten. Der durchschnittliche Endverbraucher kann, allerdings nur eingeschränkt, eine Verbesserung seiner Alltagskommunikation erleben.

1998 ACM Subject Classification B.4.2 Input/Output Devices, C.0 Hardware/-Software Interfaces

Keywords and phrases EEG – BCI – Gehirn-Computer-Schnittstelle – Hirnströme

1 Einführung

Eine Gehirn-Computer-Schnittstelle (auch Brain-Computer Interface, BCI) stellt eine direkte Verbindung zwischen Gehirn und Computer dar, welche Menschen ermöglichen kann, ihr Alltagsleben bequemer zu gestalten [1]. Dies kann in verschiedenen Formen unterschiedliche Bedürfnisse befriedigen. Die Anwendungsmöglichkeiten hierfür sind mit der Digitalisierung stark gestiegen. Jede Interaktion mit einem elektrischen Gerät könnte potenziell mit einem BCI gesteuert werden. Bisher nehmen wir bei der Bedienung von diesen Geräten den „Umweg" über das periphäre Nervensystem, indem wir unsere Hände oder unsere Sprache benutzen. Effizienter wäre es jedoch, die Steuerungssignale direkt aus dem Gehirn abzulesen und in dem entsprechenden Gerät umzusetzen. Hierfür gibt es verschiedene technische Umsetzungen. Jede mit anderen Vorteilen in Präzision, Zugänglichkeit und Kosten.

2   Technologie

2.1   Klassifizierung

Da „Gehirn-Computer-Schnittstellen" lediglich die Art der Kommunikation beschreibt, unterscheiden sich die Hardwareumsetzungen teilweise sehr stark. Klassifizieren lassen sich die BCIs anhand der Technik, wie die elektrischen Signale von den Neuronenzellen gelesen werden. Hierbei werden drei Grundtypen unterschieden:

- Invasive Techniken
- Teilweise invasive Techniken
- Nicht-invasive Techniken

Bei der invasiven Variante werden die Elektroden ins Gehirn direkt an die entsprechenden Stellen eingesetzt (siehe Abb. 1a). Naheliegenderweise ist die Signalqualität hier die beste, da die Elektroden nächstmöglich zu den Neuronenzellen liegen. Diese Präzision ist allerdings mit dem Risiko der Narbenbildung verbunden [24], sowie den allgemeinen Gefahren einer OP unter Vollnarkose am offenen Gehirn.

Letzteres Risiko besteht auch bei der teilweise invasiven Variante, das Risiko der Vernarbung entfällt allerdings [24]. Die Elektroden werden hier auf den entsprechenden Teil des Gehirns gelegt. Die Qualität des Signals ist gut, allerdings etwas weniger präzise, als bei der invasiven Variante (siehe Abb. 1b). Beide Methoden sind auch unter dem Namen Elektrokortikografie (ECoG) bekannt.

Risikolos hingegen ist die nicht-invasive Variante, bei der die Hirnströme via Elektroenzephalografie (EEG) von der Kopfoberfläche abgelesen werden. Durch die weniger exakten Platzierungsmöglichkeiten und besonders durch die Blockade des Schädels ist das resultierende Signal deutlich schwächer und unpräziser, als bei den anderen Varianten. Der größte Vorteil ist aber die sehr geringe Einstiegshürde, da diese Geräte einfach auf den Kopf gesetzt werden (siehe Abb. 1c). Dadurch sind die nicht-invasiven Geräte prinzipiell für jeden einfach benutzbar. Aufgrund diesen entscheidenden Vorteils, welcher die Technologie für die breite Masse erschließt, wird sich diese Ausarbeitung besonders auf die nicht-invasive Technik fokussieren.

2.2   Techniken

Es existieren viele weitere Methoden, um die Gehirnfunktion zu messen, wie die funktionelle Magnetresonanztomographie (fMRT), Magnetenzephalografie (MEG), Kernspinresonanzspektroskopie (NMR-Spektroskopie) oder Positronen-Emissions-Tomographie (PET).

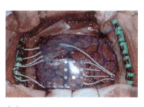 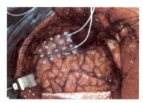 

(a) Invasiv   **(b)** Teilweise invasiv   **(c)** Nicht-invasiv

Abbildung 1 Consumer BCIs. Entnommen aus [24].

Obwohl die räumliche Auflösung verhältnismäßig schlecht ist, bietet das
EEG, also die nicht-invasive Variante, signifikante Vorteile. In erster Linie ist
die Technik portabel. Gegenüber den anderen, teilweise sehr großen Geräten,
ist man mit dem EEG kaum ortsgebunden und somit auch in der Anwendung
deutlich flexibler. Natürlich ist das abhängig davon, welche Hardware konkret
benutzt wird. Im praktischsten Fall ist diese klein, leicht und kabellos, wie zum
Beispiel das EMOTIV Epoc (Abb. 4a). Die Tatsache, dass diese Geräte im
Handel erhältlich sind, birgt einen weiteren Vorteil: den Preis. Im Verhältnis
zu den anderen genannten Techniken kostet ein EEG meist nur einen Bruchteil
dessen und ist daher auch finanziell sehr attraktiv [27].

2.3   Anwendungsbereiche

Die theoretischen Möglichkeiten eines optimalen BCI sind breit gefächert und
reichen von Computerspielen, die mit dem Kopf gesteuert werden, über soziale
Interaktionen durch Gefühls- und Emotionserkennung bis hin zur Bedienung
von Geräten für Menschen mit körperlichen Einschränkungen [21]. Die Bedienung durch die Gedanken ist theoretisch auf fast alle Interaktionen zwischen
Mensch und Computer anwendbar und kann diese einfacher oder angeneh-
mer gestalten. Bisherige Interaktionsmöglichkeiten haben häufig praktische
Nachteile. Die Spracheingabe wird in der Öffentlichkeit durch soziale oder
akustische Gründe erschwert und die Touch-Bedienung erfordert durch die
Auge-Hand-Koordination eine erhöhte Aufmerksamkeit, was beispielsweise
beim Autofahren ein entscheidender Nachteil ist. BCIs haben großes Potential
in diesen Bereichen. Fällt der Umweg über das periphere Nervensystem weg,
wird die Kommunikation zumindest in der Theorie direkter.

Ein Nachteil ist, dass zusätzliche Hardware benötigt wird, welche, bestenfalls angefeuchtet, auf dem Kopf getragen werden muss. Bei der klassischen
Bedienung mit der Hand oder durch Sprache werden keine zusätzlichen Geräte
benötigt.

2.4   Umsetzungsmöglichkeiten

Es fällt auf, dass die theoretischen Möglichkeiten kaum Wünsche offen lassen, die Anwendungsbeispiele aber deutliche Einschränkungen aufzeigen. Grund ist die momentan noch sehr niedrige Übertragungsrate von Informationen. Die verschiedenen Geräte unterscheiden sich hier nicht wesentlich und können meist etwa drei bis fünf Satzzeichen pro Minute übertragen [20]. Anwendungen, die BCIs einbinden, müssen also ihre Interaktionsmöglichkeiten entsprechend einfach gestalten. Komplexe Nutzereingaben, wie etwa Freitext, werden sonst zeitfressende und frustrierende Aufgaben.

2.5   Elektroenzephalografie

Berger bewies bereits in den 1920er Jahren, dass das EEG vom Schädel abgelesen werden kann [2]. Nach einigen Startschwierigkeiten etablierte es sich dann als medizinisches Analyseverfahren für Gehirnfunktionen [7].

Ein EEG besteht aus der Summe der elektrischen Aktivitäten der Nervenzellen (Neuronen) im Gehirn, mit einem kleinen Beitrag der Glialzellen, die eine stützende und isolierende Funktion haben. Neuronen sind erregbare Zellen, die elektrischen Signale weiterleiten können. Ihre Aktivität produziert daher ein elektrisches und magnetisches Feld. Diese Felder können mit Elektroden über geringe Distanzen gemessen werden [7]. An der Schädeloberfläche sind diese Signale, welche sich im Bereich von Mikrovolt (Millionstel Volt) bewegen, mit einem Messverstärker noch zu messen. Ein klinisches EEG, hier auch als klassisches EEG bezeichnet, benutzt zur Aufzeichnung mindestens zwölf Kanäle mit verschiedenen Eletrodenkombinationen. Diese Kanäle liegen wenige Zentimeter auseinander und können somit die Potentialschwankungen in einer entsprechenden Auflösung darstellen. Abbildung 2 zeigt die Aufzeichnung drei solcher Kanäle. Gleiche Reize lösen wiedererkennbare Potentialschwankungen aus, die dann untersucht, oder im Falle des BCI, zur Steuerung benutzt werden können.

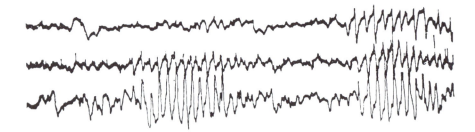

■ **Abbildung 2** Drei Kanäle eines EEG [13].

2.6   Ereigniskorrelierende Potentiale

Ereigniskorrelierende Potentiale (EKP, engl.: event-related potentials) sind
Potentiale, die konnotiert mit Sinneswahrnehmungen, kognitiven (z. B. Auf-
merksamkeit und Sprachverarbeitung) oder motorischen Prozessen korrelieren.
Sie können als Wellenform in einem EEG gemessen werden [18].

2.6.1   P300

Als P300 wird in der Neuroliteratur ein ereigniskorreliertes Potential, wel-
ches durch Sinneswahrnehmungen ausgelöst wird, bezeichnet. Wartet man
beispielsweise auf ein visuelles Ereignis, wie das Aufleuchten eines Kontakts
im NeuroPhone aus Kapitel 5.3. Der Stimulus, der beim Aufleuchten des
Gewünschten Kontakts auftritt, wird einen positiven Ausschlag mit einer
Verzögerung von etwa 300 Millisekunden auf dem EEG verursachen [16]. Die
Reaktion tritt im Parietallappen des Gehirns auf und kann im EEG auf einer
Vielzahl von Kanälen beobachtet werden [5].

Somit ist das P300 ein positiv ausgelöster Reiz und in gewisser Hinsicht
das Gegenteil zum ErrP. Obwohl das Signal reaktiv auftritt, kann es auch
zur Eingabe benutzt werden. Konzentriert man sich wie in [9] auf einen
Buchstaben auf einer Tastatur, wird ein P300 ausgelöst, wenn er aufleuchtet.
Um die Eingabe zu beschleunigen, leuchten erst die Reihen der 6x6 Tastatur
auf, danach erst die einzelnen Buchstaben. So kann die Texteingabe, oder
jede andere Eingabe, die beschränkt in der Auswahl ist, umgesetzt werden.
Hier ist allerdings zu berücksichtigen, dass die Eingabe durch die Vielzahl an
Möglichkeiten relativ viel Zeit in Anspruch nimmt.

2.6.2   Error-Related Potential

Ein weiteres, natürlich auftretendes Signal, welches also nicht erlernt werden
muss, oder nur aufgabenspezifisch funktioniert, ist das sogenannte „error-
related potential" (ErrP)[10] oder auch fehlerkorrelierendes Potential. Dieses
ereigniskorrelierende Potential tritt auf, wenn ein Mensch einen Fehler bewusst
oder unbewusst wahrnimmt. Das ist auch der Fall, wenn der Fehler von einer
anderen Person oder Maschine begangen wurde [6]. Der negative Ausschlag
auf dem EEG tritt typischerweise innerhalb von 500 Millisekunden nach
dem erkannten Fehler auf [10]. Diese Eigenschaften legen nahe, dass die
fehlerkorrelierenden Potentiale besonders für maschinelle Aufgaben geeignet
sind.

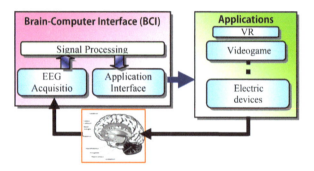

■ **Abbildung 3** Ein Brain-Computer Interface System [15].

2.7   BCI Architektur

Das BCI ist ein Kommunikationsgerät, welches dem Benutzer ermöglicht, seine Gehirnaktivität in Kontrollbefehle zu übersetzen, welche zu einem Computer gesendet werden. Dieses System involviert elektrische Hirnsignale, die mittels Elektroenzephalografie aufgezeichnet werden, Signalverarbeitung und eine Programmoberfläche.

Abb. 3 zeigt dieses BCI System systematisch. Der Block der Signalverarbeitung beinhaltet Vorverarbeitung, Merkmalextraktion und Klassifizierung [15], bevor das Signal an die Anwendung weitergeleitet wird, die dieses dann entsprechend interpretiert. Aus der Reaktion des Nutzers können wiederum neue Potentialschwankungen gemessen werden, wodurch sich der Kreislauf schließt.

3   Interaktionsmöglichkeiten

Die mit einem BCI möglichen Interaktionen lassen sich in zwei Gruppen einteilen. Einerseits in Anwendungen, in denen der Nutzer aktiv mit seinen Gedanken Dinge steuert, wie einen Arm. Auf der anderen Seite gibt es viele Anwendungen, welche die auftretenden Hirnströme auswerten und daraus Handlungen ableiten. Der Nutzer steuert hier also nicht aktiv selbst, sondern die Anwendung reagiert auf den Benutzer. Das hat den Vorteil, dass sich die Interaktion natürlicher anfühlt. Allerdings liegt der Nachteil der eingeschränkten Interaktionsmöglichkeiten auf der Hand: Das System kann nur reagieren. Ist eine aktive Steuerung des Systems vonnöten, müssen meist bestimmte Gesten gelernt werden, die dann bestimmte Reaktionen des Systems auslösen. Zum Beispiel wird mit einem doppelten Zwinkern ein Rollstuhl gestoppt (siehe 5.1). Diese Interaktion funktioniert zwar gut, ist aber unnatürlich. Die Einschränkungen der Steuerungsbefehle sind begründet dadurch, dass die nicht-invasiven

Systeme die Hirnströme nur sehr eingeschränkt und deutlich weniger genau ausgelesen werden können, da unter anderem der Schädel eine Barriere für die Signale darstellt. Naheliegenderweise funktionieren binäre Einschätzungen des Systems deutlich solider.

Ist es allerdings nicht nötig die Interaktion aktiv zu gestalten, so lässt sich die Schnittstelle gut einsetzen, um Fehler des Systems zur Laufzeit zu korrigieren, das System an die Befindlichkeit des Nutzers anzupassen oder die Intention des Anwenders herauszufinden, beziehungsweise auf sich ändernde Befindlichkeiten zu reagieren. Verschiedene Beispiele der Zusammenarbeit von Mensch und Computer werden in Kapitel 5 aufgezeigt.

4 Vergleich Consumer EEG Geräte

4.1 Consumer Endgeräte

Für den Endbenutzer gibt es bereits verschiedene Geräte auf dem Markt. Das billigste Segment (bis etwa 100 Euro) belegen Spielzeuge, die mithilfe einer Elektrode einen Anstrengungszustand (z.B. Konzentration) des Gehirns erkennen können, wie der „Star Wars Science Force Trainer", bei welchem man damit die Höhe eines schwebenden Balls kontrollieren kann. Mit dieser Technik ist es möglich, die Stärke der Hirnaktivität in einer gewissen Granularität zu messen. Die Messung geschieht also eindimensional.

Mit Geräten wie dem Emotiv EPOC (Abb. 4a) kann man weitaus komplexere Daten erfassen. Z.B. Emotionen und Gesichtsausdrücke erkennen oder virtuelle Objekte steuern. Nach Stamps et al. [26] ist es das nützlichste EEG-Gerät im Niedrigpreissegment. Das EPOC hat 14 Elektroden und zwei Referenzelektroden, welche im internationalen 10-10 System für Elektrodenplatzierung angeordnet sind [12]. Diese Geräte liegen im Bereich von mehreren hundert Euro.

4.2 Vergleich herkömmliches EEG

Vergleicht man die Consumer EEG Geräte, stellen sich primär zwei Fragen:
- Wie gut ist das Resultat im Verhältnis zu einem herkömmlichen EEG?
- Wie gut ist das Resultat im Verhältnis untereinander?

Um diese Fragen zu klären, muss zuerst zwischen den verschiedenen Typen der Geräte unterschieden werden. Manche streben an, ein richtiges EEG zu ersetzen, andere wollen nur einfache Signale messen. Dies spiegelt sich im Design, der Komplexität und dem Preis wider.

Zu ersterem gehört das bereits erwähnte Emotiv EPOC, welches 14 Elektroden und zwei Referenzelektroden besitzt [12]. Die Ergebnisse, die damit erzielt werden, sind qualitativ in einer ähnlichen Region wie das eines herkömmlichen

(a) Emotiv EPOC [5].

(b) NeuroSky Mind-Set [29].

(c) Vollständiges EEG [20].

■ **Abbildung 4** Consumer BCIs

EEGs [17]. Der Preis hingegen beträgt nur einen Bruchteil, die Komplexität ist durch die starre Elektrodenbefestigung geringer, aber die Flexibilität aufgrund der Größe und der kabellosen Variante deutlich höher. Aus diesen Gründen ziehen viele Forscher das EPOC einem klassischen EEG vor. Trifft man die Wahl in erster Linie aus Kostengründen, ist es möglich die Leistung des Geräts zu steigern, indem man die Elektroden durch Ringelektroden in einer Stoffkappe ersetzt [8].

Die zweite Gruppe der Consumer Geräte prägen die Ein-Elektroden Geräte, wie das NeuroSky MindSet (Abb. 4b). Es liegt auf der Hand, dass die Möglichkeiten mit solchen Geräte deutlich eingeschränkter sind. Ausgehend vom Anwendungsfall können solche sehr leichte und einfache Geräte trotzdem Sinn ergeben, wie bei Neurofeedback Spielen [19], die häufig nur einen Konzentrationszustand messen. Die Präzision für einfache Signale, wie der Blinzelerkennung, ist zwar geringer, aber für gewisse Belange ausreichend.

5   Umgesetzte Anwendungen

5.1   Rollstuhlsteuerung

Lin et al. [15] entwickelten mit dem NeuroSky MindSet (Abb. 4b) eine einfache Rollstuhlsteuerung. Durch das Benutzen einer einzelnen Elektrode konnten sie zwei Signale unterscheiden: Das Blinzeln und erhöhte Konzentration. Diese Signale wurden dann für die Steuerung des Rollstuhls benutzt. Wenn eine erhöhte Konzentration gemessen wurde, fährt der Rollstuhl gerade aus. Mit einem Blinzeln lässt sich die Richtung ändern und bei einem zweimaligen Blinzeln stoppt er. Diese Steuerung ist zwar nicht schnell oder intuitiv, jedoch ermöglicht dieses Verfahren Menschen mit Locked-in-Syndrom ihren Rollstuhl zu steuern.

5.2   Sortier-Roboter

Salazar-Gomez et al. [25] ließen einen Roboter Draht und Farbe sortieren. Da der Roboter die Objekte nicht unterscheiden kann, verteilt er sie zufällig und achtet dabei auf die Reaktion eines zuschauenden Menschen. Ist die getroffene Sortierungswahl falsch, lässt sich das sogenannte „error-related potential" (ErrP) mit dem EEG (ähnlich Abb. 4c) messen. Dieses Potential tritt natürlich auf, wenn wir Fehler erkennen.

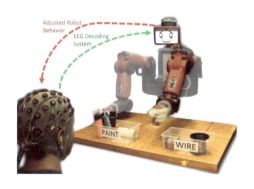

Abbildung 5 Sortier-Roboter [25]

kennen. Der Roboter korrigiert daraufhin seine Entscheidung. Wird dieses Potential nicht gemessen, wird die korrekte Sortierung angenommen. Der Mensch muss also nicht aktiv reagieren, sondern lediglich aufmerksam zuschauen. Die Schwierigkeit war hier, das ErrP verlässlich zu erkennen. Das Ergebnis von 0.65 AUC (bestimmmtes Integral) lässt sich deutlich verbessern (0.80 AUC), wenn man das zweite auftretende ErrP miteinbezieht. Dieses tritt auf, wenn der beobachtende Mensch merkt, dass der Roboter nicht wie erwartet seine Auswahl korrigiert, wenn sie falsch ist. Die deutliche Verbesserung liegt an der stärkeren Ausprägung des zweiten ErrP.

5.3   Kontaktwahl im Smartphone

Im Bestreben das Smartphone freihändig, laut- und mühelos zu bedienen, entwickelten Campbell et al. [5] ein System, um einen Kontakt mithilfe eines BCIs anzurufen. Hierfür benutzten sie ein Emotiv EPOC (Abb. 4a) Headset. Die Bilder der Kontakte leuchteten hierfür nacheinander auf. Wenn der gewünschte Kontakt aufleuchtete, kann ein P300 Signal gemessen werden, also ein durch die Aufgabe ausgelöster Stimulus im EEG-Signal (siehe 2.6.1). Ist dies der Fall, wird die Nummer des entsprechenden Kontakts gewählt.

5.4   Emotionserkennung

Um sechs verschiedene Emotionen unterscheiden zu können, entwickelten Nasehi und Pourghassem 2012 [22] einen, auf der Fourier-basierten Gabor-Transformation aufbauenden Algorithmus. Er sollte anhand der aufgezeichneten EEG- Daten zwischen den Emotionen Überraschung, Wut, Angst, Traurigkeit, Freude und Ekel unterscheiden. Die richtige Zuordnung gelang in etwa 65% der Fälle.

5.5 Handbewegung eines Paralysierten

Forschern der Ohio State University (Bouton et al. [4]) ist es gelungen, einem querschnittsgelähmten Menschen die Bewegung der Hand und des Armes wieder zu ermöglichen. Hierfür installierten sie ein Microelektrodenarray am linken primär motorischen Cortex im Gehirn. Um seinen rechten Unterarm wurden 130 neuromuskuläre Elektroden gelegt, mit welchen der Proband 15 Monate mehrfach die Woche sechs verschiedene Handgelenks- und Handbewegungen trainierte. Diese machte es möglich, dass er nun Objekte greifen, manipulieren und wieder loslassen kann

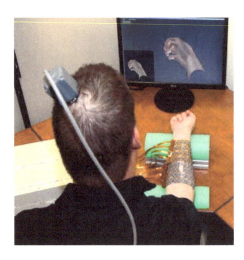

Abbildung 6 Invasives BCI mit Armmanschette [4].

und damit Alltagsbewegungen, wie greifen, schütten oder mit einem Löffel umrühren ausführen kann. Abbildung 6 zeigt den Trainingsprozess mit den entsprechenden Gerätschaften, die für diese komplexen Aufgaben benötigt werden.

6 BCI-Analphabetismus

Bei den meisten BCIs haben ein Teil der Nutzer signifikante Schwierigkeiten diese zu bedienen. Die Anzahl dieser Nutzer beläuft sich auf etwa 15-30% [3, 11]. Dieses Problem ist bisher wenig erforscht [30]. Zwar gibt es bereits Ansätze, wie man diese Analphabeten durch Messungen identifizieren kann, allerdings gestaltet es sich sehr schwierig, diese Menschen zu BCI-Alphabeten zu machen [1]. Allerdings gelang es Vidaurre et al. [28] 2010 mithilfe eines Neurofeedbacktrainings BCI-Analphabeten so zu trainieren, dass sie die kritische Marke von 70% korrekt erkannter Signale überschreiten konnten. Im Vergleich zu den unproblematischen Probanden mit über 90% Genauigkeit bleibt weiterhin ein Präzisionsunterschied bestehen, die allgemeine Bedienbarkeit kommunikationsbasierter BCI- Anwendungen, wie die Cursorsteuerung wird aber nach Kübler et al. [14] ab 70% als ausreichend bedienbar angenommen.

Woran die Schwierigkeit der Messung bei manchen Menschen liegt, ist nicht mit Sicherheit bestimmbar. Die Mächigkeit der Algorithmen soll aber nicht das Poblem sein, sonden mehr die physiologischen Unterschiede der

Gehirnregionen zwischen den Probanden. Eine tangentiale Lage bestimmter Regionen der Hirnrinde zum Skalp soll beispielsweise ein Hindernis beim Messen von vorgestellten Bewegungen sein [23].

Einigen Nutzern bleibt also die untrainierte BCI-Interaktion vorenthalten. Gelingt es diese Nutzer frühzeitig zu identifizieren, so können entsprechende Trainingsmaßnahmen ergriffen werden, was einer möglichen Frustration im Umgang mit der noch neuen Technik entgegenwirken würde. Dies spielt eine wichtige Rolle, wenn solche Interfaces massentauglich werden sollen.

7 Fazit

„Gehirn-Computer-Schnittstelle" ist ein Überbegriff für alle Techniken, die direkt zwischen Gehirn und Computer kommunizieren. Neben den invasiven Methoden, die einen chirurgischen Eingriff erfordern, gibt es verschiedene nicht-invasive Geräte, die von außen auf den Kopf aufgesetzt werden. Diese zeichnen in der Regel ein Elektroenzephalografen vom Schädel auf [24]. Einige davon sind in verschiedenen Komplexitätsstufen als Consumer-Produkte erhältlich.

Durch eine solche Schnittstelle könnte die Kommunikation zwischen Gehirn und Computer deutlich schneller und präziser werden. Der Umweg über die Hände oder den Mund braucht schließlich Zeit und kostet Präzision. Besonders profitieren könnten gelähmte Menschen, denen die klassische Interaktion verwehrt ist.

Bis heute sind diese Geräte in der Praxis aber keine Konkurrenz zu herkömmlichen Eingabemethoden für physiologisch uneingeschränkte Personen geworden. Dadurch, dass invasive Techniken aufwändig, teuer und risikobehaftet sind, sind nur nicht-invasive für den Durchschnittsverbraucher sinnvoll. Diese haben aber eine deutlich ungenauere Ausgabe. Daher lassen sich komplexe Aufgaben hierüber bisher nicht gut genug bewältigen. Die Eingaben, die der Nutzer tätigt, sind häufig nicht natürlich, sondern Übersetzungen bereits existierender Befehle, wie „Zwinkern" oder „an den rechten Arm denken". Durch die Ungenauigkeit ist nämlich nur eine sehr geringe Datenrate möglich. Hinzu kommt, dass einige Menschen diese Technik nicht bedienen können, sogenannte BCI-Analphabeten.

Obwohl diese Technik bereits Möglichkeiten bietet, sind viele auf das Labor beschränkt oder nur in sehr einfacher Form außerhalb umsetzbar. Für Menschen mit körperlichen Einschränkungen stellt diese Technik bereits eine Alternative dar. Für Uneingeschränkte ist sie aber noch zu rudimentär und unpräzise. Daher werden noch weitere Jahre an Forschung und Technikentwicklung nötig sein, bis diese Technik ihr Potential im Alltag entfalten kann.

8   Ausblick

Für die Zukunft birgt diese Technik ein vielversprechendes Potential. In der Theorie scheinen die Möglichkeiten nahezu grenzenlos. Querschnittsgelähmte können wieder gehen und Blinde wieder sehen. In der Praxis zeigen sich bis heute zwar noch starke Einschränkungen, der Fortschritt ist aber spürbar. Technisch gesehen liegt das größte Potential definitiv in den invasiven Methoden, aber auch die nicht-invasiven haben ihr volles Potential noch nicht entfaltet. Denkbar ist hier vieles: Vom Bedienen des Fahrzeugradios bis hin zum Gaming mit Gehirnsteuerung. Auf komplexere Anwendungen muss noch etwas gewartet werden, während einfache bereits heute erhältlich sind.

─── **Literatur** ──────────────────────────────

1   Minkyu Ahn, Hohyun Cho, Sangtae Ahn, and Sung Chan Jun. High theta and low alpha powers may be indicative of BCI-illiteracy in motor imagery. *PLoS ONE*, 8(11), 2013. arXiv:journal.pone.0080886, doi:10.1371/journal.pone.0080886.

2   H Berger. Ueber das Elektrenkephalogramm des Menschen. *Archiv fur Psychatrie*, 87:527–570, 1929.

3   Benjamin Blankertz, Claudia Sannelli, Sebastian Halder, Eva-Maria Hammer, Andrea Kübler, Klaus-Robert Müller, Gabriel Curio, and Thorsten Dickhaus. Predicting BCI Performance to Study BCI Illiteracy. *NeuroImage*, 51(4):1303–1309, 2010. doi:10.1016/j.neuroimage.2010.03.022.

4   Chad E. Bouton, Ammar Shaikhouni, Nicholas V. Annetta, Marcia A. Bockbrader, David A. Friedenberg, Dylan M. Nielson, Gaurav Sharma, Per B. Sederberg, Bradley C. Glenn, W. Jerry Mysiw, Austin G. Morgan, Milind Deogaonkar, and Ali R. Rezai. Restoring cortical control of functional movement in a human with quadriplegia. *Nature*, 533:247–250, 2016. doi:10.1038/nature17435.

5   Andrew Campbell, Tanzeem Choudhury, Shaohan Hu, Hong Lu, Matthew K Mukerjee, Mashfiqui Rabbi, and Rajeev D.S. Raizada. NeuroPhone: Brain-Mobile Phone Interface using a Wireless EEG Headset. *Proceedings of the second ACM SIGCOMM workshop on Networking, systems, and applications on mobile handhelds - MobiHeld '10*, pages 3–8, 2010. doi:10.1145/1851322.1851326.

6   Ricardo Chavarriaga and José Del R. Millán. Learning from EEG error-related potentials in noninvasive brain-computer interfaces. *IEEE Transactions on Neural Systems and Rehabilitation Engineering*, 18(4):381–388, 2010. doi:10.1109/TNSRE.2010.2053387.

7   Fernando Lopes Da Silva. EEG: Origin and measurement. In *EEG - fMRI: Physiological Basis, Technique, and Applications*, pages 19–38. 2010. arXiv:arXiv:1011.1669v3, doi:10.1007/978-3-540-87919-0_2.

8   Stefan Debener, Falk Minow, Reiner Emkes, Katharina Gandras, and Maarten de Vos. How about taking a low-cost, small, and wireless EEG for a walk? *Psychophysiology*, 49(11):1617–1621, 2012. `arXiv:j.1469-8986.2012.01471.x.`, `doi:10.1111/j.1469-8986.2012.01471.x`.

9   Lawrence A. Farwell and Emanuel Donchin. Talking off the top of your head: toward a mental prosthesis utilizing event-related brain potentials. *Electroencephalography and Clinical Neurophysiology*, 70(6):510–523, 1988. `doi:10.1016/0013-4694(88)90149-6`.

10 Pierre W. Ferrez and José Del R Millán. You are wrong! - Automatic detection of interaction errors from brain waves. In *IJCAI International Joint Conference on Artificial Intelligence*, pages 1413–1418, 2005.

11 C. Guger, G. Edlinger, W. Harkam, I. Niedermayer, and G. Pfurtscheller. How many people are able to operate an EEG-based brain-computer interface (BCI)? *IEEE Transactions on Neural Systems and Rehabilitation Engineering*, 11(2):145–147, 2003. `doi:10.1109/TNSRE.2003.814481`.

12 Valer Jurcak, Daisuke Tsuzuki, and Ippeita Dan. 10/20, 10/10, and 10/5 systems revisited: Their validity as relative head-surface-based positioning systems. *NeuroImage*, 34(4):1600–1611, 2007. `doi:10.1016/j.neuroimage.2006.09.024`.

13 L. G. Kiloh, A. J. McComas, and J. W. Osselton. *Clinical Electroencephalography*. Butterworth & Co., London, third edit edition, 1972.

14 Andrea Kübler, Nicola Neumann, Barbara Wilhelm, Thilo Hinterberger, and Niels Birbaumer. Predictability of brain-computer communication. *Journal of Psychophysiology*, 18(2-3):121–129, 2004. `doi:10.1027/0269-8803.18.23.121`.

15 Jzau-Sheng Lin, Kuo-Chi Chen, and Win-Ching Yang. EEG and eye-blinking signals through a Brain-Computer Interface based control for electric wheelchairs with wireless scheme. *New Trends in Information Science and Service Science (NISS), 2010 4th International Conference on*, 4(June 2010):731–734, 2010.

16 David E J Linden. The p300: where in the brain is it produced and what does it tell us? *The Neuroscientist : a review journal bringing neurobiology, neurology and psychiatry*, 11 6:563–576, 2005.

17 Yue Liu, Xiao Jiang, Teng Cao, Feng Wan, Peng Un Mak, Pui In Mak, and Mang I. Vai. Implementation of SSVEP based BCI with Emotiv EPOC. In *Proceedings of IEEE International Conference on Virtual Environments, Human-Computer Interfaces, and Measurement Systems,VECIMS*, pages 34–37, 2012. `doi:10.1109/VECIMS.2012.6273184`.

18 Steven J. Luck. An Introduction to the Event-Related Potential Technique. *Monographs of the Society for Research in Child Development*, 78(3):388, 2005. URL: `http://mitpress.mit.edu/sites/default/files/titles/content/9780262621960{_}sch{_}0001.pdf{%}5Cnhttp://cognet.mit.edu/`

library/books/view?isbn=0262122774{%}5Cnhttp://www.amazon.com/
Introduction-Event-Related-Potential-Technique-Neuroscience/
dp/0262621967, arXiv:9780262621960, doi:10.1118/1.4736938.

19   Rytis Maskeliunas, Robertas Damasevicius, Ignas Martisius, and Mindaugas Vasiljevas. Consumer grade EEG devices: are they usable for control tasks? *PeerJ*, 4:15–27, 2016. URL: https://peerj.com/articles/1746, doi:10.7717/peerj.1746.

20   Dennis J. McFarland and Jonathan R. Wolpaw. Brain-computer interfaces for communication and control. *Communications of the ACM*, 54(5):60, 2011. URL: http://portal.acm.org/citation.cfm?doid=1941487.1941506, doi:10.1145/1941487.1941506.

21   Melody M. Moore. Real-world applications for brain-computer interface technology. *IEEE Transactions on Neural Systems and Rehabilitation Engineering*, 11(2):162–165, 2003. doi:10.1109/TNSRE.2003.814433.

22   Saadat Nasehi and Hossein Pourghassem. An optimal EEG-based emotion recognition algorithm using gabor features. *WSEAS Transactions on Signal Processing*, 8(3):87–99, 2012.

23   Florin Popescu, Benjamin Blankertz, and Klaus Robert Müller. Computational challenges for noninvasive brain computer interfaces. *IEEE Intelligent Systems*, 23:78–79, 2008.

24   Rabie A Ramadan, S Refat, Marwa A Elshahed, and Rasha A Ali. Brain-Computer Interfaces. In *Brain-Computer Interfaces*, volume 74, chapter Basics of, pages 31–51. Springer International, 2015. URL: http://link.springer.com/10.1007/978-3-319-10978-7, doi:10.1007/978-3-319-10978-7.

25   A.F. Salazar-Gomez, J. Delpreto, S. Gil, F.H. Guenther, and D. Rus. Correcting robot mistakes in real time using EEG signals. *Proceedings - IEEE International Conference on Robotics and Automation*, 2017. doi:10.1109/ICRA.2017.7989777.

26   Kenyon Stamps and Yskandar Hamam. *Towards Inexpensive BCI Control for Wheelchair Navigation in the Enabled Environment – A Hardware Survey*, pages 336–345. Springer Berlin Heidelberg, Berlin, Heidelberg, 2010. URL: https://doi.org/10.1007/978-3-642-15314-3{_}32, doi:10.1007/978-3-642-15314-3_32.

27   P M Vespa, V Nenov, and M R Nuwer. Continuous EEG monitoring in the intensive care unit: early findings and clinical efficacy. *Journal of clinical neurophysiology : official publication of the American Electroencephalographic Society*, 16(1):1–13, 1999. URL: http://www.ncbi.nlm.nih.gov/pubmed/10082088, doi:10.1097/00004691-199901000-00001.

28   Carmen Vidaurre and Benjamin Blankertz. Towards a cure for BCI illiteracy. *Brain Topography*, 23(2):194–198, 2010. doi:10.1007/s10548-009-0121-6.

29   Athanasios Vourvopoulos and Fotis Liarokapis. Robot Navigation Using
      Brain-Computer Interfaces. In *2012 IEEE 11th International Conference on
      Trust, Security and Privacy in Computing and Communications*, pages 1785–
      1792, 2012. URL: http://ieeexplore.ieee.org/document/6296200/,
      doi:10.1109/TrustCom.2012.247.
30   Jonathan R. Wolpaw, Dennis J. McFarland, Gregory W. Neat, and Catheri-
      ne A. Forneris. An EEG-based brain-computer interface for cursor control.
      Electroencephalography and Clinical Neurophysiology, 78(3):252–259, 1991.
      doi:10.1016/0013-4694(91)90040-B.

Elektromyostimulation - Gefahren und Chancen einer neuen Feedbackmodalität

Eva-Maria Geiger

Ludwig-Maximilians-Universität München, München, Deutschland
e.geiger@campus.lmu.de

───── **Zusammenfassung** ─────────────────────────────────

Wir leben in einer Zeit, in der Smombies unser Stadtbild prägen. Ihre Präsenz beeinflusst unsere Verkehrssicherheit und die Art wie Städte mit Passanten umgehen. Und folglich gibt es plötzlich Bompeln und Laternenairbags. Aber wir leben auch in einer Zeit der technischen Revolutionen. Wir brachten einen Rucksack voll mit Unterhaltungselektronik plus Telefon in einem handtellergroßen Kunststoffding unter. Zwar hatte gerade dies die aktuelle Smombie Invasion zur Folge, aber der technische Fortschritt bleibt. Deshalb können wir unsere technischen Probleme inzwischen auch wunderbar mit Technik lösen. So folgte auch ein möglicher Ansatz von EMS, bei dem Smombies sich freiwillig autonom fernsteuern lassen, um dann Hindernisse, wie Laternen textitohne Airbags, umgehen zu können. Aber nicht nur die Richtung, sondern auch den Laufstil kann EMS beeinflussen und unterstützen, und schon entpuppt sich EMS als ausgezeichneter Coach mit diversen Anwendungsmöglichkeiten. Auch in der virtuellen Welt profitiert man von der Elektromuskelstimulation. Wenngleich man natürlich auch die Risiken und Gefahren nie außer Acht lassen sollte.

1998 ACM Subject Classification H5.2 User Interfaces, Input Devices and Strategies, Interaction Styles, Haptic I/O

Keywords and phrases EMS, Elektromuskelstimulation, HCI, Mensch-Computer-Interaktion, autonomer Mensch

1 Einleitung

Von der Straßenkarte zum Smartphone zu Wearables, mit welchen man mit nur einem Blick aufs Handgelenk durch die Innenstadt navigieren kann. Die Technik entwickelt sich rasant weiter, und was noch vor gar nicht allzu langer Zeit als Science Fiction galt, trägt sich heute bequem am Handgelenk. Doch auch Wearables wie wir sie heute kennen, können von neuerer Technik abgelöst werden. Ein Beispiel dazu ist EMS - Elektromyostimulation - die Möglichkeit ohne Blickkontakt oder kognitive Belastung durch eine Stadt zu navigieren, die

Möglichkeit neue Fähigkeiten professionell zu trainieren, und die Möglichkeit den virtuellen Raum mit haptischem Feedback real zu machen. EMS hat viele Möglichkeiten, birgt dabei aber, wie jede revolutionäre Technologie mögliche Risiken die es abzuwägen gilt. Im folgenden finden Sie eine Auflistung dieser Möglichkeiten und und auch Risiken, welche von diversen englischsprachigen Quellen zusammengetragen wurden und es Ihnen ermöglichen sollen sich mit Hilfe davon selbst eine Meinung darüber zu bilden, inwiefern das Potenzial die möglichen Gefahren aufwiegt.

1.1   Was EMS ist und wie es funktioniert

Das Akronym EMS steht für Elektromyostimulation, wobei auch der Begriff Elektromuskelstimulation geläufig ist. Der Wortteil „myo-" ist griechischen Ursprungs und bedeutet nichts anderes als „Muskel-", was beide Begriffe zu Synonymen macht. Im Rahmen dieser Ausarbeitung wird der Einfachheit halber das Kürzel EMS verwendet. Wie der Name auch schon vermuten lässt, werden bei EMS Muskeln mit elektrischer Spannung stimuliert. Um die Funktionsweise aber genauer zu verstehen, muss man sich erst ein Bild der Funktionsweise der Muskulatur im Allgemeinen machen:

Eine Muskelkontraktion wird allgemein durch die Proteine Aktin und Myosin ausgelöst. Bei den Skelettmuskeln, welche für die Motorik zuständig sind, spielt aber das sogenannte Motoneuron die Hauptrolle. Es ist für die Steuerung einer sogenannten motorischen Einheit zuständig und steuert mit elektrischen Impulsen die ihr zugeordnete Einheit [23].

Bei EMS werden Elektroden - auch als Pads bekannt - auf die Haut an der Stelle über dem zu betätigenden Muskel angebracht. Nun wird durch einen elektrischen Impuls ein Signal von den Motoneuronen simuliert [4], was wiederum zu einer Muskelkontraktion führt, was eine Körperbewegung simulieren kann. Die Platzierung der Elektrode bestimmt welcher Muskel oder Muskelpartie bewegt wird. Wie intensiv oder lange die Bewegung ausfällt, hängt wiederum davon ab, wie stark und wie lange das Signal ist [26]. Von der Stärke des Signals hängt es auch ab, wie der Impuls empfunden wird. So geben manche Probanden an bei leichten Impulsen über der Schwelle gar nichts zu spüren, generell wird aber ein leichtes kitzeln wahrgenommen. Ist der Impuls aber zu stark, wird das Signal als Schmerzimpuls wahrgenommen.

Generell kann ein Spektrum von 20-40 mA mit einem Puls von 50-300 ms bei einer Frequenz von 1-150 Hz zur Stimulation verwendet werden [26]. Die Schwelle, ab der eine Muskelkontraktion stattfindet ist, von mehreren Faktoren wie, Position der Elektrode, Hautwiderstand, Muskelzustand, etc. abhängig. Deshalb muss das EMS System für jeden Nutzer und für jeden Sitzung individuell konfiguriert werden.

1.2 Vom Ursprung in der Medizintechnik zu modernen Anwendungsweisen

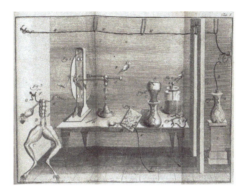

Abbildung 1 Es gibt zwei Dinge die man über Galvani wissen sollte. Er ist Namensgeber des Galvinismus: Der Muskelkontraktion durch elektrischen Strom. Und besonders bekannt, auch noch vom Biologieunterricht ist, dass er dies an präparierten Froschschenkeln entdeckte, als diese unter Strom zuckten. Bild übernommen aus [6].

EMS ist keine Errungenschaft des 21. Jahrhunderts. Tatsächlich war es Luigi Galvani der, bereits um 1790 den Zusammenhang von elektrischen Impulsen und Muskelkontraktionen entdeckte und, wie in Abbildung 1 zu sehen, dokumentierte. Seitdem hat sich viel getan. Einer der bekanntesten Anwendungen von EMS ist wohl der Herzschrittmacher: Die elektrischen Impulse führen zu Kontraktionen des Herzmuskels: das Herz schlägt. Ein weiterer bekannter Lebensretter ist der Defibrillator. Aber auch in der Physiotherapie findet EMS Anwendung. Vor allem in der Rehabilitation, denn EMS beschleunigt den Muskelaufbau, da die Impulse die Muskeln tiefer stimulieren als durch normales Training möglich. Das ist besonders bei Verletzungen des Muskels für eine schnelle Genesung hilfreich. Aber auch nach einem Schlaganfall kann es die Heilung und die Wiedererlangung motorischer Fähigkeiten beschleunigen [8]. Zudem ist es ein bekanntes Hilfsmittel gegen Muskelatrophie [3] für Rollstuhlfahrer, Komapatienten und Menschen die für längere Zeit ans Bett gebunden sind [9].

Auch gesunde Menschen profitieren von der Technik. EMS wird in speziellen Studios und auch Fitnessstudios angeboten. Die Zielgruppe dabei sind Menschen, die ihren Muskelaufbau unterstützen und beschleunigen wollen. Interessant dabei ist die relativ neue Erkenntnis, dass die Wirkung von EMS darin besteht, dass EMS die Stimulierbarkeit neuronaler Pfade beeinflusst [16] was in einer stärkeren maximalen willkürlichen Kontraktion resultiert. In der Wirkung ähnelt es Krafttraining mit willkürlichen Kontraktionen: es verändert die Biochemie des Muskels, aber ohne dabei übermäßig an Muskelvolumen zuzunehmen (Hypertropie) [16].

2   Das Potenzial

Diese Technik birgt natürlich ungemeines Potenzial. In den folgenden Punkten wird eine Auswahl von Anwendungsmöglichkeiten beschrieben, wobei das Spektrum der Möglichkeiten natürlich weitaus größer ist, wenn man bedenkt, dass jeder menschliche (und tierische) Muskel einzeln angesteuert werden kann. Das Folgende sollte dem Leser im Wesentlichen einen Überblick darüber geben, in welchen Bereichen aktuell geforscht wird und in welche Richtungen und Anwendungsgebiete sich die Technik aktuell bewegt.

2.1   Mit EMS Bewegungen steuern und erlernen

Ein wesentliches Anwendungsgebiet und Fokus der Forschung von EMS in HCI (Mensch-Computer-Interaktion) ist aktuell das Potenzial mit EMS einen Menschen steuern zu können. Diese Vorstellungen reichen von der autonomen Fußgängernavigation durch die Stadt bis zur Steuerung der Feinmotorik mit Hilfe von EMS um ein Zupfinstrument zu erlernen. Auch die ein oder andere kuriose Anwendungsweise von EMS findet sich im folgenden Abschnitt rund um das Fernsteuern des Menschen und dem Erlernen neuer Fähigkeiten.

2.1.1   Smombies, Bompeln und der autonome Fußgänger

■ **Abbildung 2** Ein Klassisches Bild aus der modernen Innenstadt: Die Unachtsamkeit der Fußgänger stellt für viele Städte ein Problem dar. Entsprechend vielseitig sind auch die Lösungsansätze, wie Laternenairbags, Bompeln und EMS. Bild übernommen aus [14].

Bilder wie in Abbildung 2 prägen das moderne Stadtbild. Menschen, mit dem Blick starr auf das Smartphone gerichtet, schreiten durch unsere Innenstädte. Scheinbar so fokussiert auf das Virtuelle, dass das Reale nur noch peripher wahrgenommen wird. Das Phänomen ist so verbreitet, dass ein eigener Begriff für solche Personen entstanden ist: Smombie. Ein Kunstwort aus Smartphone und Zombie.

Dieses Phänomen ist nicht unproblematisch, hat es doch vor allem Auswirkungen auf die Verkehrssicherheit der Smombies und deren Umfeld. So kommt es öfters vor, dass Zebrastreifen ohne Seitenblicke gequert werden und sogar Rotschaltungen werden übersehen. Die Stadtverwaltungen bringen dem verschiedenste Lösungsansätze entgegen. So findet man an manchen Orten jetzt Bompeln [1]. Bodenampeln. Das sind rote, in den Boden integrierte, LED Streifen bei Fußgängerübergängen und Ampeln in den Boden integriert werden und entsprechend der Ampelschaltung ihre Farbe wechseln. Bompeln sind aktuell in Köln und Augsburg zu finden. Wien hingegen pocht auf Laternenairbags. Aber auch im Rahmen der EMS Forschung wurden Möglichkeiten entwickelt um dieses Problem zu lösen. Ein konkretes Beispiel dazu ist Pedestrian Cruise Control.

Pedestrian Cruise Control [24], was sich sinngemäß in „Autonomes Gehen für Fußgänger" übersetzten lässt. Dabei sorgen Elektroden an den Beinen, welche an spezifischen Muskeln angebracht werden für die Rotation des Beines und lenken den Nutzer somit. Um einen Menschen in eine bestimmte Richtung zu Bewegen müssen unter anderen folgende Muskeln bzw. Teile deren angesprochen werden: m. gluteus maximus, glutei medius / minimus, m. quadratus femoris, m. gemelli, m. obturatorius internus, m. obturatorius externus, m. piriformis, m. iliopsoas und m. sartorius [18, 24].

■ **Abbildung 3** Beispiel möglicher stimulierten Muskelpartien zu Steuerung der Gehrichtung. Bild übernommen aus [17, 13].

Ein visuelles Beispiel dazu bietet die Abbildung 3. In der Darstellung sind zwei Muskeln farblich hervorgehoben: Der Biceps fermoris (li.) und der Musculus semitendinosos (re.). Mit EMS kann man diese stimulieren um beispielsweise das Kniegelenk nach außen bzw. innen zu rotieren. Wie oben erwähnt ist aber eine EMS Stimulation von diesen zwei Muskeln allein nicht ausreichend, um die komplette Bewegungsrichtung zu steuern.

Ist Pedestrian Cruise Control aktiv, so steuert das EMS die Gehrichtung, sofern sich der Nutzer nicht selbst auf die Gehrichtung konzentriert, oder entgegensteuert. Der Nutzer kann zu jeder Zeit und ohne Probleme bewusst gegensteuern. Das EMS lässt sich somit durch eigene, internen Impulse des Nutzers überschreiben. Im Versuch hat sich das EMS bei abgelenktem Gehen als sehr erfolgreich gezeigt. Die vorgegebene Strecke wurde gefunden und Hürden umgangen. Es wurde aber angemerkt, dass der Drehradius noch relativ groß und somit verbesserungsfähig ist - immerhin soll man vor einer plötzlich auftretenden Hürde auch schnell scharf abbiegen können.

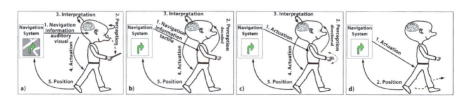

Abbildung 4 Abbildung a) der Fußgänger verwendet herkömmliche visuelle oder auditive Methoden, b) taktiles Feedback, c) die Hand wird mit EMS angesteuert und zeigt in die Richtung, in die sich der Fußgänger bewegen soll, d) die Gehrichtung wird direkt durch EMS gesteuert. Bild übernommen aus [24].

Die Technik hat nicht nur die Sicherheit der Smombies zum Vorteil. Fußgänger in fremder Umgebung können ebenfalls dadurch profitieren. So fällt beispielsweise die kognitive Last - in Abbildung 4 dargestellt - welche durch das lesen und interpretieren von Karten entsteht, weg. Stattdessen kann ein EMS System eingesetzt werden, um sicher und zielgenau die Wunschdestination zu erreichen. Besonders für Touristen stellt das eine mögliche Entlastung dar. Sie können sich vollständig auf ihre Umgebung und die neuen Eindrücke konzentrieren, ohne befürchten zu müssen, ihre Reisegruppe zu verlieren oder sich zu verlaufen. Das EMS lenkt sie sicher ans Ziel.

Aktuell bereitet die Zeitverzögerung zwischen Signalimpuls und Muskelreaktion [24] noch Schwierigkeiten. Das System ist dadurch träge und auf plötzlich auftretende Hindernisse kann nicht zufriedenstellend reagiert werden. Auch, dass die Muskulatur durch die relativ unspezifischen Signale allgemein recht schnell erschöpft, wirkt sich negativ auf eine länger andauernde Nutzung des Systems aus. Eine weitere Hürde ist die Komplexität des Bewegungsapparats. So werden beim Gehen sehr viele Muskelpartien angesprochen und es existieren viele Abhängigkeiten zwischen einzelnen Muskelpartien. All diese Faktoren haben zur Folge, dass sich *Pedestrian Cruise Control* zu diesem Zeitpunkt auf die Funktion des Lenkens beschränken muss. Dies ist mit relativ wenigen, unspezifischen Stimuli möglich. Es erfordert noch viele Verbesserungen an der Feinheit der EMS Signale und ein tiefes Verständnis des Bewegungsapparats, damit man bald auch unebenes Terrain und Treppen bezwingen kann.

2.1.2 Training von Feinmotorik und Muskelgedächtnis mit EMS

Neue Sachen zu lernen ist oft ein langwieriger Prozess. Um diesen Prozess zumindest beim physischem Lernen zu beschleunigen, entwickelte ein Team der University of Tokyo ein EMS System namens PosessedHand [28, 29]. Denn ein Instrument zu lernen ist für so manchen, ob der notwendigen motorischen Feinfertigkeiten, eine unmöglich scheinende Herausforderung. Bei vielen Instrumenten ist es nämlich notwendig Hände oder Finger einfach „genau so" zu halten und einfaches Abschauen ist oft zu ungenau, da der Neuling die feinen Unterschiede in der Haltung nicht erkennen kann. Viel einfacher ist es dann natürlich wenn der Lehrer mittels EMG erst seine eigenen Bewegungen aufnehmen kann und der Schüler diese dann bei sich selbst, mit EMS Impulsen, anwendet. Gerade diesen zweiten Schritt beherrscht PosessedHand: Es wurde eine Software entwickelt, mit welcher der Nutzer die nötigen feinen Impulse bekommt, um ein Koto - ein Japanisches Zupfinstrument - zu spielen [28]. Somit kann der Laie ein Gefühl für die richtige Haltung bekommen. Und nicht nur die Grundhaltung, sonder auch einfache Lieder können so gespielt und eingeübt werden bis die Bewegungen in das eigene Muskelgedächtnis übergehen. Dies öffnet Möglichkeiten, nicht nur in der Musik, sondern auch in anderen Bereichen der Kunst: Die richtige Pinselführung beim Malen oder das Skizzieren mit Kohlestiften kann erlernt werden. Auch für andere Dinge wie Töpfern auf einer Töpferscheibe, Häkeln, Stricken, Weben oder auch dem Zehnfingersystem kann damit eine Einstiegshilfe gegeben werden. Experten können dann zukünftig auf Plattformen ihre Fähigkeiten austauschen und YouTube-Tutorials mit den Grundbewegungen als EMS-Signal-Datei ausgestattet werden. Damit eröffnet sich eine neue Art des Lernens und eine neue Art Wissen zu vermitteln und zu dokumentieren und archivieren.

All dies birgt natürlich auch seine Herausforderungen. So ist die Kalibrierung eines EMS Systems aktuell noch sehr zeitaufwendig. Besonders wenn, wie beim musizieren, eine besonders feine Kalibrierung notwendig ist. So musste für Possessed Hand ein eigens entwickeltes 5 Schritte Konzept zur Kalibrierung, und ein zusätzliches Kalibrierungssystem für das Timing verwendet werden. Diese Kalibrierung ist für jeden Nutzer individuell, und muss für jede Sitzung wiederholt werden. Auch das Auslesen von Gesten mittels EMG und die Umwandlung in EMS gesteuerte Bewegungen steht aktuell noch in den Kinderschuhen. Aber wie in einem Versuchsaufbau in dem Paper „*Automatic Calibration of High Density Electric Muscle Stimulation*" [19] demonstriert wird, hat die Technologie Potenzial. Das darin vorgestellte System konnte im Schnitt 52 % der mit EMG aufgenommenen und erlernten Gesten korrekt in EMS Signale umwandeln. Bei den drei besten Gesten lag die Erfolgsquote sogar bei 81,7 %. Natürlich gilt es noch diese Zahlen zu verbessern und es handelt sich um die ersten Schritte einer neuen Technologie. Aber sie zeigen auch, dass die Technologie Potenzial hat sich in eine vielversprechende Richtung zu entwickeln.

2.1.3   Affordanz

Affordanz (engl. affordance) oder auch Angebotscharakter, ist was man auch als vorgesehene, oder tatsächliche - sofern sich diese unterscheiden - Nutzung eines Gegenstandes bezeichnen würde. So assoziiert man eine Flasche mit einem Gegenstand der mit Flüssigkeit gefüllt werden kann, oder aus der getrunken werden kann. Mit einer Flasche eine tiefgründige Beziehung einzugehen ist hingegen nicht Teil des Angebotscharakters. Der Begriff ist zudem eng mit dem Usabilitygedanken verknüpft.

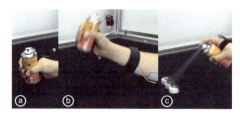

■ **Abbildung 5** Affordance++ schützt auch vor unsachgemäßem Gebrauch: a) Die Sprühflasche muss vor Gebrauch geschüttelt werden. Sprühen ohne Schütteln ist nicht möglich. b) Sofern der Nutzer nicht aus Eigeninitiative schüttelt greift Affordance++ ein und die Hand schüttelt mittels EMS Stimulation die Sprühflasche. c) Jetzt dann kann gesprüht werden. Bild übernommen aus [21].

Im Zusammenhang mit EMS wurde ein System namens Affordance++ [21] entwickelt, welches den Nutzer eines Gegenstandes dynamisch auf eine spezifische Nutzungsweise eines Objektes einschränkt. Konkret geht es bei dem Versuch, wie in Abbildung 5 dargestellt, um eine Spraydose, welche erst geschüttelt werden muss, bevor damit gesprüht werden kann. Außerdem ist das Betätigen des Sprühknopfes nicht mehr möglich, nachdem die Dose leer ist. Zudem kann mit dem EMS System verhindert werden, dass Gegenstände angefasst werden, welche der Nutzer nicht anfassen soll, wie Becher mit heißem Wasser. Auch die korrekte Handhabung von Gegenständen kann mit dem System unterstützt werden, was vor allem bei komplexen Bewegungsabfolgen hilfreich sein kann. Auch in Situationen bei denen der unsachgemäße Umgang gefährliche Folgen mit sich tragen könnte, wäre Affordance++ eine Möglichkeit zur Verbesserung der Sicherheit des Nutzers. Der Clou bei dem System ist, dass das korrekte Verhalten automatisch initiiert wird, sobald sich der Nutzer dem Gegenstand nähert und nach einem abgeschlossenen Schritt zu dem korrekten Folgeschritt fortfährt. In Versuchen wurde Affordance++ bereits in mehreren

Szenarien erfolgreich angewandt. Darunter: Tee einschenken, wobei der Nutzer nicht die heiße Tasse, sondern nur den kalten Henkel angreifen konnte, ein Gegenstand an einer spezifischen Stelle herunterdrücken, aufsammeln von Nägeln mit einem kleinen magnetischen Kehrer, das Aufschneiden und Entsteinen einer Avocado mit einem Multifunktionstool und eine Türklinke die den Nutzer verweigert sie anzufassen, wenn der Raum bereits besetzt ist. Sowie das Überschreiben einer falschen Drehbewegung des Nutzers. [21]

Zum Zeitpunkt des Versuches verfügte Affordance++ über 6 Funktionen: zusammendrücken, drehen, abweisen, fallen lassen/loslassen, schütteln und heben. Komplexe Aktionen wie z.B. Tee einschenken setzen sich aus mehreren Bausteinen zusammen. Diese Funktionen gilt es noch auszubauen um möglichst komplexe und auch feinmotorische Aktionen durchführen zu können. Zu Bedenken gilt aber, dass Einschränkungen der Affordanz auch negative Folgen haben kann. So wäre es einem permanenten Träger von Affordance++ nicht mehr möglich, sich aus Plastikflaschen eine Couch zu basteln, oder mit einer Heißklebepistole eine Handyhülle zu kreieren. Aber nicht nur die Kreativität wird beeinflusst. Sei beispielsweise eine Familie mit dem System ausgestattet und die Großmutter schießt die Türe und aktiviert „Eintritt abweisen". Im Falle eines Unglücks hätte niemand Zutritt bis ein entsprechender „Schlüsseldienst" gerufen werden kann. Auch wenn die Tür nicht einmal verschlossen war. Denn niemand kann die Türklinke anfassen. Und auch wenn dieses Szenarien futuristisch klingen, so sollte man sich doch auch über Risiken dieser Art im Klaren sein.

2.1.4 FootStriker - Laufassistent zum Erlernen des korrekten Fußauftritts

Eine falsche Technik beim Laufsport kann zu Verletzungen und Überbeanspruchung an Sehnen und Gelenken wie z.B. dem Kniegelenk führen. Vor allem eine hohe Krafteinwirkung auf die Ferse sollte möglichst vermieden werden. Dazu gibt es verschiedene Lauftechniken, welche man trainieren kann um die Krafteinwirkung auf den mittleren und vorderen Teil des Fußes zu konzentrieren. Dieses Training erfolgte bisher bestenfalls mit einem Laufcoach. Ein Beispiel wie solch ein falscher und korrekter Laufstil aussehen kann findet sich in Abbildung 6. Unglücklicherweise ist ein Laufcoach aus diversen Gründen nicht für jeden eine Option und so entwickelte eine Forschungsgruppe am Saarländer Informatik Campus das Assistenzsystem "FootStriker"[7], welches den Coach nicht nur ersetzen kann, sondern im Rahmen des Versuches auch bessere Ergebnisse erzielte als ein tatsächliches Coaching.

Es handelt sich bei dem Assistenzsystem zum einen um eine Schuhsole welche Force Sensing Resistors (FSR) enthält. Diese ändern bei Druck darauf ihren elektrischen Widerstand, wobei sich der Grad der Widerstandsverände-

■ **Abbildung 6** Ob richtig oder falsch kann sich vor allem bei regelmäßigen Läufern langfristig auf die Gesundheit auswirken. Es gilt also eine Möglichkeit zu finden, gute Lauftechniken effizient und anhaltend zu vermitteln. Bild übernommen aus [7].

rung analog zu der Stärke des Drucks/der Krafteinwirkung verändert. Somit ist es messbar ob und wie stark mit der Ferse aufgetreten wird. In Verbindung dazu gibt es ein EMS System, welches die Wadenmuskulatur ansteuert und den Winkel des Fußes ändern kann während er noch in der Luft ist. Wird also falsch aufgetreten bekommt der Nutzer zum einen ein EMS Signal, welches den Nutzer darauf aufmerksam macht, dass er etwas falsch macht. Dies ist die EMS Alert Funktion. Die EMS Actuation Funktion hat sich aber um einiges effektiver erwiesen. Dabei wird zusätzlich zum Alert die Muskulatur durch das EMS gesteuert und die korrekte Fußhaltung beim Auftritt „gezeigt". Der Nutzer muss dafür lediglich seine Beinmuskulatur lockerer halten. Im Vergleich zu einem „normalen" Coaching, bei welchem die Fersauftritte vorher bei 97,05 % und nachher bei 87,27 % waren, verbesserte sich die Fersauftrittquota im Median bei EMS Actuation von 95,63 % auf 7,76 % auf jeweils 1km Laufdistanz [7]. Somit erweist sich die EMS Actuations Variante als Effektivste.

Von den Teilnehmern des Versuches wurden unter anderem Schmerzen durch den Impuls, schnellere Ermüdungserscheinungen und der fehlende Tragekomfort negativ angemerkt. Man sollte aber auch beachten, dass der FootStrike Assistant als Lernhilfe und nicht als dauerhafter Laufbegleiter gedacht ist. Die Anwendung mit reiner EMS Alert Funktion und ohne zugehörige Muskelstimulation erwies sich hingegen als nicht zielführend und hatte keine nennenswerten Auswirkungen auf den Laufstil. Konzeptuell ähnelt dieser Versuchsaufbau dem von PosessedHand. Lernen mit EMS Unterstützung. Sie unterscheiden sich jedoch darin, dass hier relativ grobmotorisch gearbeitet werden kann, was sich positiv auf die Kalibrierungszeit auswirkt. Jedoch muss auch hier für jede Sitzung und für jeden Nutzer das System erneut kalibriert werden. Zudem arbeitet dieses System reaktiv. Es werden nicht Bewegungen von einer Vorlage kopiert, sondern der Folgeschritt wird nach einem fehlerhaften Auftritt korrigiert. Zu erforschen gilt es noch, welche der beiden Lernmethoden mit

EMS erfolgversprechender und langanhaltender ist. Denn nur das Wissen das man auch dauerhaft behalten kann, ist von dauerhaftem Wert.

2.1.5 Vibrat-o-matic

Dass man nicht jede mit EMS erlangte Fähigkeit auch gleichzeitig als erlernt bezeichnen kann, zeigt dieses Beispiel. Es handelt sich dabei um eine etwas kuriosere Anwendung für EMS. Der sogenannte Vibrat-o-matic.[1] Dieses EMS System ermöglicht es dem Nutzer Vibrato zu singen. Dazu erst eine einleitende Erklärung zu Vibrato selbst. Vibrato ist eine Gesangstechnik bei der die Stimmbänder bei einer Tonhöhe moduliert werden [27]. Es hört sich an, als würde der Ton auf gleichbleibender Tonhöhe schwingen, oder „vibrieren". Daher auch der Name Vibrato. Diese Technik wird vom Publikum als sehr lebendig wahrgenommen. Das Erlernen erfordert allerdings viel Zeit und Übung.

Mittels EMS kann man aber eine Abkürzung nehmen. Diese ergibt sich durch ein Auseinandersetzen mit der Entstehung von Vibrato aus physiologischer Sicht. So entsteht Vibrato durch rhythmisches komprimieren im Kehlkopf und/oder Zwerchfell. Und EMS bietet sich geradezu für solche rhythmischen Muskelkontraktionen an. So entwickelte ein Team von Studenten der University of Tokio eine Software zur Steuerung von Vibrato [11]. Dabei bringt der Nutzer Elektroden an Kehlkopf und/oder Zwerchfell an. Diese Elektroden werden mittels eines Webinterfaces gesteuert. Dort sind auch ein paar Karaokevideos verfügbar. Sobald man ein Video startet kann man den EMS-Impuls in seiner Stärke mit einem Schieberegler modifizieren. Das Video und die EMS-Einstellungen lassen sich dabei auch aufnehmen. Der Vibratoeffekt ist abhängig von der gewählten Stärke und wie exakt die Elektroden platziert wurden. Die Software ist frei auf der Homepage der Entwickler verfügbar[2] und von den oben genannten Beispielen wahrscheinlich das, welches man am einfachsten bei sich zu Hause realisieren kann. Der Positionierung ist relativ einfach, EMS Geräte sind in der Grundform erschwinglich und die Software ist frei verfügbar. Das System muss auch nicht kalibriert werden, da der gewöhnliche Kalibrierungsschritt hier der Stärkeregler des Vibrato ist. Man kann also sagen, dass es einen interessanter Einstieg in EMS bietet, der aber leider keinen Lernerfolg bei Vibrato mit sich zieht. Aber auch Aspekte, die nicht ausschließlich der Verbesserung des Menschen dienen gehören erwähnt, sondern auch die kreativen Dinge, die diese Technik ermöglicht verdienen einen Platz in der Aufzählung von Möglichkeiten und Potenzial von EMS. Denn

---

[1] Eine kurze Erklärung und Präsentation des Vibrat-o-matic von den Entwicklern findet sich unter `https://www.youtube.com/watch?time_continue=91&v=WiTxrEXpH-c`

[2] Homepage Vibrat-o-matic `http://rfushimi.com/vibratomatic/`

jede Technik benötigt auch etwas freie Kreativität um zu wachsen und um ihr Potenzial auszuschöpfen.

2.2 EMS als Feedbackmodalität

Neben navigieren, leiten und trainieren in der realen Welt, geht die EMS Forschung aktuell auch in die Richtung des Virtuellen. Vor allem beim haptischen Feedback stoßen aktuelle Methoden, wie das Vibrationsfeedback inzwischen an ihre Grenzen. EMS versucht nun diese Probleme aufzugreifen und die Interaktionen im 2D und 3D Raum zu erleichtern. Anstelle von Ganzkörperanzügen sollen strategisch platzierte EMS Pads Treffer und Berührungen simulieren. Komplizierte Gerüstbauten und Exoskelette die Kraftrückkopplung simulieren sollen durch kleine EMS Armbänder ersetzt werden. Das ist die Vision von EMS Forschern. Der Stand der tatsächlichen Fortschritte und die damit verbundenen Probleme werden im folgenden Abschnitt behandelt.

2.2.1 Haptisches Feedback

Das Selektieren von Objekten gehört zu den Grundfunktionen eines jeden Interfaces. Agiert man aber in einem virtuellen 3D Raum, so wird diese Funktion schnell zu einer Herausforderung. Einer der Gründe dafür ist, dass es dem Mensch nicht möglich ist, sich gleichzeitig auf den eigenen, zeigenden Finger und das anvisierte Ziel zu konzentrieren [25]. Die Folge: Der Finger gleitet durch das Objekt, statt wie in der realen Welt einen Aufprall zu spüren. Dem versucht man mit visuellem oder haptischen Feedback entgegen zu wirken. Visuelles Feedback entspricht zum Beispiel einem Farbwechsel je nach Tiefe und hat den Vorteil, dass die Reaktionszeit von visuellem Feedback generell kürzer ist [25, 12] . Unter haptisches Feedback versteht man meist Vibrationen, auf welche der Mensch allerdings recht träge reagiert, und in Versuchen sogar langsamer ist als wenn es überhaupt kein Feedback gibt [25]. An dieser Stelle

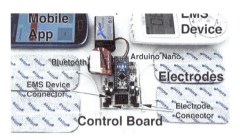

Abbildung 7 Notwendige Hardware für ein EMS System: Elektroden, Messgerät (Beurer SEM43 EMS/TENS), sowie hier ein Arduino als Control Board, und optional ein Smartphone zur mobilen Steuerung. Bild übernommen aus [24].

kommt EMS ins Spiel, eine weitere Möglichkeit für haptisches Feedback, welches aber über ein weiteres Spektrum von möglichem Sinneseindrücken verfügt: Von einem leichten kitzeln bis zu Bewegungen ganzer Extremitäten. Zudem sind EMS Systeme nach dem aktuellen Stand der Technik bereits sehr portabel, wie beispielsweise das Beurer SEM43 EMS/TENS in Abbildung 7 oben rechts.

Die Auswertung eines Versuches im Paper „3D Virtual Hand Selection with EMS and Vibration Feedbac"[25] hat zudem gezeigt, dass sich die Probanden auch eine Verwendung dieses haptischen Feedbacks in Videospielen gut vorstellen können. Es ist zudem anzumerken, dass EMS im Vergleich zu Vibrationsfeedback nicht nur ein weiteres Spektrum an Eindrücken ermöglicht, sondern auch energieeffizienter ist, da die Bewegung durch den Nutzer selbst generiert wird, zudem enthält EMS keine beweglichen Teile, was sich positiv im Punkt Verschleiß bemerkbar macht [26].

2.2.2   Kraftrückkopplung

Bei der Kraftrückkopplung handelt es sich ebenfalls um eine Art haptisches Feedback. Es ist der Widerstand den man spürt wenn man geht und es bläst einem eine Orkanböe entgegen, oder auch der Widerstand den man spürt wenn man schnell durch das Wasser gehen möchte. Aktuell wird diese Kraftrückkopplung hauptsächlich mit Vibrationsmotoren in den Geräten simuliert, was sich aber nicht immer besonders realistisch anfühlt und energieineffizient ist, da diese Motoren einen relativ hohen Energieverbrauch haben. Ein aktueller, mobiler Ansatz findet sich in einem Paper von Lopes et.al. [20]. Die besondere Idee dabei ist, dass nicht der Arm, auf den die Kraftrückkopplung wirkt, mit EMS stimuliert wird, sondern der entgegengesetzte Arm. Dieser Arm drückt gegen den Arm, welcher den Kraftwiderstand spüren soll. Das hat zum Vorteil, dass tatsächlich ein Druckgefühl auf der Hand mit Kraftrückkopplung entsteht, anstelle dem Gefühl eines Ziehens, was bei anderen Versuchen von Probanden negativ angemerkt wurde [22]. In dem konkreten Versuch ging es darum ein Flugzeug bei starken Wind mittels Kippbewegungen zu steuern. Umso stärker der Wind bläst umso stärker arbeitet die Hand bei dem Windrad gegen die andere. Der Nutzer muss mit der anderen Hand dieser involuntären Bewegung entgegenhalten. Der Nutzer empfindet dies dann tatsächlich als Kraftrückkopplung. Der Versuch zeigt nicht nur, dass eine Kraftrückkopplung dieser Art sehr gut bei Nutzern ankommt, sondern demonstrierte vor allem, dass EMS auch bei mobilen Geräten durchaus vorstellbar ist und praktisch realisierbare Anwendungsmöglichkeiten vorhanden sind.

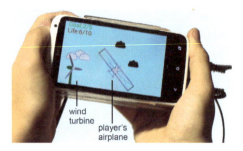

Abbildung 8 Die Turbine links generiert Wind und die linke Hand macht selbständig eine Kippbewegung. Die rechte Hand muss dem entgegenwirken damit das Flugzeug nicht abstürzt. Bild übernommen aus [22].

3 Die Gefahr

Natürlich hat auch EMS wie jede andere erfolgversprechende Technologie ein Kontra zu seiner Pro-Seite. Dieses Kontra ist einerseits philosophischer Natur und beschäftigt sich damit, dass wir mit EMS einen Teil der Kontrolle über uns selbst aufgeben und somit einen Teil unseres freien Willens, unserer eigenen angeborenen Fähigkeiten und Instinkten. Zum anderen ist es auch eine Frage der Machbarkeit und inwiefern unsere schnelle technische Entwicklung an unsere menschlichen biologischen Grenzen stößt.

3.1 Eine Frage der Ethik

Wie bei Unfällen mit autonomen Autos stellt sich auch beim autonomen Menschen bei Unfällen die Schuldfrage. Zudem stellt sich die Frage, ob uns diese Technologie unseres freien Willens beraubt. Immerhin kann EMS verhindern, dass ich einen bestimmten Raum betrete, weil mein Arm die Türklinke nicht anfassen möchte, weil ein Programmierer oder sein Vorgesetzter, bzw. die darüber stehende staatliche Institution vorschreibt, dass ich diesen Raum zu dem Zeitpunkt nicht betreten darf. Es macht den Menschen zudem zumindest physisch hackbar und könnte für alles bis hin zu Mord missbraucht werden. Ohne ausreichende Sicherheitsvorkehrungen ist es also riskant. Andererseits: Angenommen bei einer Weltpopulation von aktuell 7,47 Milliarden [5] Menschen und einem zu 99.999% sicheren System, sind es immer noch 74.700 Menschen die gehackt werden. Es muss also auf jeden Fall eine Möglichkeit geben das System jeden Moment abzuschalten. Fraglich ist dann, ob ein Punkt erreicht werden kann wo die Menschen so abhängig davon sind über die einfachsten Dinge im Alltag überhaupt nicht nachdenken zu müssen, dass sie ohne EMS nicht mehr überlebensfähig sind. Andererseits stellt sich auch die Frage, ob ein Kunstwerk, das mit EMS kreiert wurde nun Eigentum des EMS

Programmierers ist, oder der, der die Software ausgeführt hat. Zudem besteht die Möglichkeit dass wahre Unikate selten werden. Denn besteht die Möglichkeit Bewegungen aufzuzeichnen und wiederzugeben, so werden viele einmalige Werke zu replizierbarer Ware.

3.2 Technische, biologische und medizinische Hürden

Ein häufig genanntes Problem ist es eine ausreichende Menge an Pads (Elektroden) möglichst genau anzubringen. Wobei kleinere Pads keine Option sind, weil eine kleine Auflagefläche größere Schmerzen bedeutet. Das kann soweit nur damit gelöst werden, dass anstelle eines Gürtels mit vielen kleinen Pads, mehrere Reihen von mit Pads bestückten Gürteln verwendet werden [29].

Auch die Art der Pads spielt eine wichtige Rolle, da z.B. kleine Trockenpads schmerzen bei den Impulsen verursachen. Flüssiggelpads hingegen verursachen Schmerzen wenn das Gel auf der Haut anfängt zu trocknen und die Kontaktfläche somit schrumpft. Alternativ dazu gibt es noch die Festgelpads, bei denen kein Risiko besteht, dass das Gel wegtrocknet und somit relativ schmerzfrei sind. Wobei bei den in dieser Arbeit angeführten Versuchen keinerlei Schmerzempfinden angemerkt wurde, oder sogar explizit verneint wurde [29].

Auch die Auflösung stellt noch ein Problem dar. So ist die Anzahl an möglichen Bewegungen noch relativ eingeschränkt bzw. auf bestimmte Anwendungen beschränkt und die Bewegungen sind noch nicht besonders fein. Die Ursachen dafür sind vielfach: Der Muskelaufbau der menschlichen Gliedmaßen ist sehr komplex und es gibt viele Abhängigkeiten, erschwerend kommt noch hinzu, dass bei einem transcutanen Stimulus nicht nur ein bestimmter Muskel angesprochen wird, sondern der elektrische Impuls auch andere Muskeln erreichen kann [10]. Exakt sind aktuell nur invasive Methoden mit Nadeln und Chips, allerdings gab es bereits Fortschritte mit besonders geformten Pads. Da EMS sich in der Medizin schon seit geraumer Zeit etabliert hat, wird in diesem Bereich auch von dieser Seite Forschung betrieben, was dem Fortschritt der Auflösung zugute kommt [19].

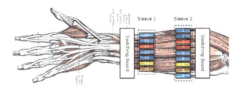

■ **Abbildung 9** Aktueller Stand der Technik: Anatomische Skizze der linken Hand. Bei Zap++ handelt es sich um ein EMS System mit 20-Kanälen für möglichst feine Auflösung. Es soll tragbares haptisches Feedback möglich machen und das mit der bestmöglichen Qualität. Bild übernommen aus [10].

Der zweite wichtige Faktor neben der Auflösung ist die Kalibrierung. Denn wie gut das EMS funktioniert hängt vor allem von der Kalibrierung ab [19]. Diese ist für jeden Menschen individuell, da sie mitunter von sehr individuellen biologischen Faktoren, wie Hautwiderstand, Körperfett und Muskelgröße abhängt. Vor allem wenn es um zeitkritische feine Bewegungen geht muss die Kalibrierung sehr exakt sein, wie im Versuch von „Possessed Hand" [29] gezeigt wird. Dort ist ein fünf Schritte Konzept für die individuelle Kalibrierung notwendig und zusätzlich dazu eine Kalibrierungssystem, das das Timing regelt. Man erkennt also sehr schnell, dass die Kalibrierung eine zeitintensive und exakte Arbeit ist, welche nicht von einem Laien durchgeführt werden kann. Das steht wiederum der verbreiteten Nutzung von EMS durch ungeschulte Privatpersonen im Weg. Und somit auch der Verbreitung von Consumer-EMS-Produkten. Denn werden die Elektroden falsch platziert oder ist das Signal falsch eingestellt, ist entweder die Wirkung zu schwach oder zu stark oder es kommt zu Schmerzen durch den zu starken elektrischen Impuls. Bei einer korrekten Kalibrierung wird erst die gewünschte Zielbewegung festgelegt, dann wird die dazugehörige Muskelpartie ermittelt, dies erfordert natürlich anatomisches Fachwissen, weil es Abhängigkeiten von Muskelpartien gibt, nicht alle Muskeln einzeln mit nichtinvasivem EMS ansteuerbar sind und deshalb nicht alle Bewegungen möglich sind. Gleichzeitig müssen verschiedene Signalstärken, Amplituden und Frequenzen getestet werden. Man erreicht somit eine durchschnittliche Konfigurationszeit von 5 Minuten pro Pose. Das bereits genannte System Affordance++ [21] kommt somit auf 30 Minuten pro Nutzer. Die Kalibrierung muss natürlich wiederholt werden, wenn der Nutzer die Elektroden abnimmt und erneut verwenden möchte. Somit ist es aktuell recht impraktikabel. Abhilfe soll dem eine Automatische Kalibrierung schaffen, welche im Paper „Automatic Calibration of High Density Electric Muscle Stimulation" [19] vorgeschlagen wird. Dabei wird mit einem EMG eine bestimmte Geste aufgezeichnet und in einen EMS Output für dieselbe Geste umgewandelt. Die Erfolgsquote bei der Umwandlung der Gesten liegt im Schnitt bei 52% und bei 81,7% bei den drei besten Gesten. Es zeigt sich also, dass die automatische Kalibrierung Potenzial hat, aber auch, dass noch ein Raum für Verbesserungen besteht. Immerhin existiert damit eine Alternative zur manuellen Kalibrierung und somit rückt die Möglichkeit der privaten Nutzung durch Laien einen Schritt näher.

Weiterhin sollte man anmerken, dass EMS eine physische Muskelkontraktion hervorruft, und als solche körpereigene Energie verbraucht. Folglich kann EMS durchaus zur Ermüdung führen oder diese beschleunigen. Genauer gesagt wurde von Avela et al. ein Wert von 4,3% Kraftverlust innerhalb von einer Stunde mit simultanem mechanischem Strecken und EMS bei den Wadenmuskeln gemessen [2]. Zudem wurde von Boerio et al. festgestellt dass es auch zu einer neuronalen Erschöpfung kommt, was ebenfalls zu einer Verringerung der maximalen Muskelkontraktion führt [4]. Daraus kann man vorsichtig schließen, dass unabhängig von der persönlichen Fitness Ermüdungserscheinungen auftreten können und das EMS auf Dauer an Wirkung verliert. Zumindest bis sich der Körper wieder erholt hat.

4   Fazit und Aussichten

Während EMS bei weitem keine neue Technologie ist, so ist der Anwendungsbereich von EMS als Outputmodalität noch relativ jung und unerforscht. Viel hängt aktuell von den Erkenntnissen aus der Medizin ab und jede neue Erkenntnis dort, bringt natürlich neues Potenzial mit sich. Umso enger der Austausch zwischen diesen beiden Parteien, desto effizienter kann auch geforscht werden. Somit wären gemeinsame Projekte mit Medizinern natürlich wünschenswert um die Forschung weiter voranzutreiben.

Aber wie in den oben genannten Beispielen demonstriert, ist es auch für Nicht-Mediziner möglich ein effektives EMS-System zu entwickeln und erfolgreiche Versuche durchzuführen. Diese Projekte zeigen auch die hohe Bandbreite der Möglichkeiten. Menschen können mit dieser Technologie nicht nur ihr Wissen ausbauen, sondern auch ihre Gesundheit mit einem optimierten Laufstil verbessern und auch einfach nur kreativ sein und Spaß haben. Etwa mit dem Vibrat-o-Mat oder einem Flugsimulator mit realistischem haptischem Feedback. Bei all diesen Möglichkeiten sollte man aber natürlich auch die ethischen Aspekte nicht vergessen, und sich vor der Implementierung dieser Technik auch immer über mögliche negative Konsequenzen für den Nutzer und dessen Umfeld Gedanken machen. Denn wer einen Menschen steuert ist auch für das Ergebnis dieser Handlung mitverantwortlich. Potenzielle Nutzer sollten die Technologie - wie jede Technologie, die ihr Verhalten beeinflusst - auf jeden Fall mit einer guten Prise Vorsicht genießen. Die Forderung, dass eine solch beeinflussende Technologie auch mit einem obligatorischen Ausschalter für Notfälle ausgestattet sein sollte, ist nur gesunder Menschenverstand.

All diese Befürchtungen könnten aber noch in weiter Ferne liegen, falls das Problem mit der zeitaufwendigen Kalibrierung nicht behoben werden kann. Denn während Erschöpfungssymptome mit geringerer Nutzung und Training bezwungen werden können, so scheint die Kalibrierung schwerer zu lösen zu sein. Die beste Alternative dazu ist aktuell die, dass Elektroden bei einer Operation direkt an den Muskeln angebracht werden. Also invasiv. Ein Schritt den die Wenigsten für ein technisches Gadget gehen würden. Somit lässt sich folgern, dass es zu Marktreife von EMS als Technologiegadget zumindest noch solange dauert, wie es dauert, bis eine Alternative zu den aktuellen Kalibrierungsmethoden gefunden wurde. Eine die nicht invasiv ist. Bis dahin kann und soll aber weiter an den Grundmauern der Forschung für EMS als Outputmodalität gearbeitet werden.

So könnte man versuchen die Forschung von Hoang et al. zur „Hinderniserkennung und Warnsystem für Sehbehinderte Menschen basierend auf einer Elektrodenmatrix und einer mobilen Kinect" [15] auf ein EMS System zu konvertieren und somit die eigentliche Hinderniserkennung mit der bereits entwickelten Ausweichfunkion verbinden um die Navigationsfunktion somit zu erweitern, um nur eine von vielen Möglichkeiten zur Weiterführung zu nennen.

Literatur

1   Bompeln für smombies: Augsburg installiert ampeln im boden. *n-tv*, 2016, 21.4.2016. URL: `https://www.n-tv.de/panorama/Augsburg-installiert-Ampeln-im-Boden-article17527851.html`.

2   Janne Avela, Heikki Kyröläinen, and Paavo V. Komi. Neuromuscular changes after long-lasting mechanically and electrically elicited fatigue. *European journal of applied physiology*, 85(3):317–325, 2001.

3   James C. Baldi, R. D. Jackson, Rich Moraille, and W. Jerry Mysiw. Muscle atrophy is prevented in patients with acute spinal cord injury using functional electrical stimulation. *Spinal Cord*, 36(7):463–469, 1998. `doi:10.1038/sj.sc.3100679`.

4   Delphine Boerio, Marc Jubeau, Raphael Zory, and Nicola A. Maffiuletti. Central and peripheral fatigue after electrostimulation-induced resistance exercise. *Medicine & Science in Sports & Exercise*, 37(6):973–978, 2005.

5   Renate Bähr. Weltbevölkerung, 18.01.2018. URL: `https://www.dsw.org/weltbevoelkerung-2017`.

6   MIT Institute Archives & Special Collections. This image was created during the vail access project, 2018. URL: `https://commons.wikimedia.org/wiki/File:Luigi_Galvani_Experiment.jpeg`.

7   Florian Daiber, Felix Kosmalla, Frederik Wiehr, and Antonio Krüger. Footstriker: A wearable ems-based foot strike assistant for running. In *Proceedings of the 2017 ACM International Conference on Interactive Surfaces and Spaces*, pages 421–424, 2017.

8   Joke R. de Kroon, Maarten J. IJzerman, J. B. Chae, Gustaaf J. Lankhorst, and Gerrit Zilvold. Relation between stimulation characteristics and clinical outcome in studies using electrical stimulation to improve motor control of the upper extremity in stroke. 2005. `doi:10.1080/16501970410024190`.

9   Marlou L. Dirks, Dominique Hansen, Aimé van Assche, Paul Dendale, and Luc J C Van Loon. Neuromuscular electrical stimulation prevents muscle wasting in critically ill comatose patients. *Clinical science, London, England : 1979*, 128(6):357–365, 2015. `doi:10.1042/CS20140447`.

10 Tim Duente, Max Pfeiffer, and Michael Rohs. Zap++: a 20-channel electrical muscle stimulation system for fine-grained wearable force feedback.

In *Proceedings of the 19th International Conference on Human-Computer Interaction with Mobile Devices and Services*, page 1, 2017.

11 Ryohei Fushimi, Eisuke Fujinawa, Takuji Narumi, Tomohiro Tanikawa, and Michitaka Hirose. Vibrat-o-matic: Producing vocal vibrato using ems. In *Proceedings of the 8th Augmented Human International Conference*, AH '17, pages 24:1–24:5, New York, NY, USA, 2017. ACM. URL: http://doi.acm.org/10.1145/3041164.3041193, doi:10.1145/3041164.3041193.

12 Oleg Gerovichev, Panadda Marayong, and Allison M. Okamura. The effect of visual and haptic feedback on manual and teleoperated needle insertion. In *International Conference on Medical Image Computing and Computer-Assisted Intervention*, pages 147–154, 2002.

13 Henry Gray and Warren Harmon Lewis. *Anatomy of the human body.* Lea & Febiger, Philadelphia, 20th ed. edition, 2000. URL: https://commons.wikimedia.org/wiki/File:Gray434.png.

14 Duncan Harris. Farbschema abgeändert von eva-maria geiger: http://creativecommons.org/licenses/by/2.0, 2011. URL: https://commons.wikimedia.org/wiki/File:Flickr_-_Duncan~_-_Mansion_House.jpg.

15 Van-Nam Hoang, Thanh-Huong Nguyen, Thi-Lan Le, Thanh-Hai Tran, Tan-Phu Vuong, and Nicolas Vuillerme. Obstacle detection and warning system for visually impaired people based on electrode matrix and mobile kinect. *Vietnam Journal of Computer Science*, 4(2):71–83, 2017.

16 Tibor Hortobágyi and Nicola A. Maffiuletti. Neural adaptations to electrical stimulation strength training. *European journal of applied physiology*, 111(10):2439–2449, 2011. doi:10.1007/s00421-011-2012-2.

17 Mikael Häggström. Medical gallery of mikael häggström 2014. *WikiJournal of Medicine*, 1(2), 2014. doi:10.15347/wjm/2014.008.

18 Yuki Imamura, Hironori Arakawa, Sho Kamuro, Kouta Minamizawa, and Susumu Tachi. Hapmap: Haptic walking navigation system with support by the sense of handrail. In *ACM SIGGRAPH 2011 Emerging Technologies*, page 6, 2011.

19 Jarrod Knibbe, Paul Strohmeier, Sebastian Boring, and Kasper Hornbæk. Automatic calibration of high density electric muscle stimulation. *Proceedings of the ACM on Interactive, Mobile, Wearable and Ubiquitous Technologies*, 1(3):68, 2017.

20 Pedro Lopes and Patrick Baudisch. Muscle-propelled force feedback: bringing force feedback to mobile devices. In *Proceedings of the SIGCHI Conference on Human Factors in Computing Systems*, pages 2577–2580, 2013.

21 Pedro Lopes, Patrik Jonell, and Patrick Baudisch. Affordance++: allowing objects to communicate dynamic use. In *Proceedings of the 33rd annual acm conference on human factors in computing systems*, pages 2515–2524, 2015.

22 Pedro Lopes, Sijing You, Lung-Pan Cheng, Sebastian Marwecki, and Patrick Baudisch. Providing haptics to walls & heavy objects in virtual reality by

means of electrical muscle stimulation. In *Proceedings of the 2017 CHI Conference on Human Factors in Computing Systems*, pages 1471–1482, 2017.

23   H. W. Müller-Wohlfahrt, P. Ueblacker, and L. Hänsel. *Muskelverletzungen im Sport*. Thieme Verlag, 2014. URL: `https://books.google.de/books?id=Pi2dAwAAQBAJ`.

24   Max Pfeiffer, Tim Dünte, Stefan Schneegass, Florian Alt, and Michael Rohs. Cruise control for pedestrians: Controlling walking direction using electrical muscle stimulation. In *Proceedings of the 33rd Annual ACM Conference on Human Factors in Computing Systems*, pages 2505–2514, 2015.

25   Max Pfeiffer and Wolfgang Stuerzlinger. 3d virtual hand selection with ems and vibration feedback. In *Proceedings of the 33rd Annual ACM Conference Extended Abstracts on Human Factors in Computing Systems*, pages 1361–1366, 2015.

26   Stefan Schneegass, Albrecht Schmidt, and Max Pfeiffer. Creating user interfaces with electrical muscle stimulation. *interactions*, 24(1):74–77, 2016. `doi:10.1145/3019606`.

27   Johan Sundberg. Acoustic and psychoacoustic aspects of vocal vibrato. *Vibrato*, pages 35–62, 1995.

28   Emi Tamaki, Takashi Miyaki, and Jun Rekimoto. Possessedhand: a hand gesture manipulation system using electrical stimuli. In *Proceedings of the 1st Augmented Human International Conference*, page 2, 2010.

29   Emi Tamaki, Takashi Miyaki, and Jun Rekimoto. Possessedhand: techniques for controlling human hands using electrical muscles stimuli. In *Proceedings of the SIGCHI Conference on Human Factors in Computing Systems*, pages 543–552, 2011.

Steuerung externer Systeme durch Spannung isometrischer Muskelaktivität

Katharina Bause

Ludwig-Maximilians-Universität, München, Deutschland
k.bause@campus.lmu.de

────── **Zusammenfassung** ──────────────────────────

Die Elektromyographie ist ein spannendes Thema, welches in der Vergangenheit bereits in der Behandlung von Muskelerkrankungen große Bedeutung erlangt hat. Nun wird ein neues Einsatzgebiet dafür erforscht: Die Interaktion zwischen Mensch und Computer. Denn EMG ist ein Verfahren, welches es erlaubt, durch reine Muskelbewegung seitens des Nutzers verschiedene Befehle auf ein externes System zu übertragen. Hierfür werden Anwendungsmöglichkeiten aus der Medizin und dem Alltag vorgestellt, wie beispielsweise durch Muskelspannung gesteuerte Rollstühle, oder, etwas exotischer, ferngesteuerte Autos. Ebenfalls werden die geschichtlichen Hintergründe der Elektromyographie durchleuchtet, welche zur Spannungserfassung der Muskeln genutzt wird. Des Weiteren wird die genaue Vorgehensweise bei der Messung, sowie das Mapping auf bestimmte Befehle an ein computergesteuertes System beschrieben. Zuletzt beschäftigt sich das Paper mit aktuell noch bestehenden Problematiken, wie zum Beispiel den uneinheitlichen Spannungswerten der Menschen, welche einer Kommerzialisierung der Technologie bisher noch im Wege steht. Ebenfalls wird ein Ausblick dahingehend gegeben, wie sich die Steuerung externer Systeme durch Muskelspannung noch weiter entwickeln könnte, sollten vorhandene Herausforderungen gemeistert werden können.

1998 ACM Subject Classification H.5.m Miscellaneous

Keywords and phrases Muskelaktivität, Spannung, EMG, Elektromyographie

1 Erweiterung der Muskelfunktionen

Beschäftigt man sich inhaltlich mit den menschlichen Muskelfunktionen, so sind wohl in den meisten Fällen die ersten Assoziationen mit der Begrifflichkeit von rein körperlicher Natur. Die 656 Muskeln des menschlichen Körpers ermöglichen nicht nur bewusste Bewegungsabläufe wie die aufrechte Gangart oder das Kauen von Essen, sie ermöglichen ebenso interne Abläufe im Körper, wie beispielsweise den Herzschlag. Allgemein sind die Schlüsselfunktionen des Muskelgewebes die Generierung von Bewegung selbst, die Bewegung körperinnerer Substanzen, die Stabilisierung des Körpers und die Erzeugung von Wärme. Dies alles ist möglich durch ihre Eigenschaften der Ausdehnbarkeit und Elasitzität, die Fähigkeit, Stimuli zu erhalten und darauf zu reagieren, und die Möglichkeit, sich zu verkürzen beziehungsweise zusammenzuziehen [10]. Muskeln sichern also jeden Tag 24 Stunden das Überleben des Menschen.

Durch fortschrittliche Technologien im Bereich des Ubiquitous Computing und der Messung und Klassifizierung der in Muskeln erzeugten Spannung, ist es nun allerdings möglich, diese bisher bekannten Funktionsbereiche der Muskelaktivität auszudehnen und entsprechend auf externe Systeme zu erweitern. Die Messung und Angleichung der erzeugten Muskelspannung isometrischer Aktivitäten, sowie eine nachfolgende Übertragung auf bisher lediglich simple Befehle eines externen Systems heben die ursprünglichen Begrenzungen des Muskelbegriffes auf. Beispielhaft für eine Anwendung ist hierbei die Steuerung einer Kommunikationsapplikation auf dem Smartphone [3]. Bei isometrischen Muskelaktivitäten handelt es sich um Tätigkeiten der Muskeln, welche keine Bewegungen erzeugen, wie beispielsweise die reine Anspannung des Bizeps im Kontext des „Muskeln spielen Lassens". Diese werden für die Steuerung externer Systeme vor allem aus dem Grund genutzt, weil sie wenig Einfluss auf umliegende Muskelgruppen haben, die für eine gerichtete Bewegung ebenso beansprucht werden müssten. Ebenso ist so eine kaum merkliche Interaktion mit einem Gerät gewährleistet, was in gewissen Kontexten durchaus erwünscht ist [4].

Die derartige Erweiterung des herkömmlichen Begriffs der Muskelfunktion hat ebenfalls zusätzliche Möglichkeiten jeglicher Wearable-Technologien zur Folge, vor allem bezüglich der Nutzerfreundlichkeit in Ein- und Ausgabe der Tools.

Über die Forschungsfortschritte, die Vorgehen bei der Spannungsmessung und deren Mapping, hauptsächliche Anwendungsbereiche mit jeweiligen Zielen und Herausforderungen, sowie einen weiteren Ausblick in zukünftige Themen bezüglich der Steuerung externer Systeme mit Hilfe von Muskelaktivitäten soll das folgende Paper einen kritischen Statusbericht darstellen.

2   Verwandte Arbeiten

Im folgenden Kapitel sollen vorausgegangene Arbeiten kurz zusammengefasst und diskutiert werden. Interessant hierbei sind vor allem auch die Unterschiede zwischen den früheren Publikationen, welche das anfängliche Interesse an dem Gebiet der Muskelspannung im allgemeinen skizzieren und den Weg für aktuelle Papers ebnen. Diese stecken wiederum mit den heutigen Möglichkeiten die Grenzen der Technologie ab und kristallisieren Anwendungsgebiete klarer heraus.

2.1 Historie: Die Anfänge der Forschungen

Die ersten Annäherungen an das Thema der Messung von Muskelspannungen, fanden bereits in der zweiten Hälfte des 17. Jahrhunderts statt. Der italienische Biologe, Francesco Redi, versuchte in seiner Publikation „Experiences on several natural things and particularly on those coming from the India, written to the very Reverend Father Athanasius Chircher of the Company of Jesus" auf kritische und dennoch humorvolle Weise, zu seiner Zeit unerklärliche Dinge und „Wunder" zu erfassen und zu ergründen [17]. In dieser Veröffentlichung war er der Erste, der durch die Beobachtung eines Zitteraals einen Zusammenhang zwischen Muskelkontraktion und des durch den Fisch ausgestoßenen elektrischen Schlags vermutete. Damit war der Grundstein für nachfolgende Experimente rund um den Zusammenhang von Muskeln und elektrischer Spannung gelegt.

Redis Schüler, Stefano Lorenzini, setzte die Arbeit seines Lehrers fort und erforschte beim Sezieren und Eindringen in das Muskelgewebe der Zitteraale, dass bei Kontraktion (im Experiment ausgeführt als Schläge auf die Nerven) eine Vielzahl elektrisch geladener Teilchen mit großer Heftigkeit freigesetzt würden. Durch diese Art des Experiments wurde die schnelle Bewegung, welche in natürlichen Fällen den Auslöser für die Spannungsfreigabe darstellt, nachgestellt. [6]

Als Pionier im Bereich des Bioelektromagnetismus gilt Luigi Galvani, der im 18. Jahrhundert Experimente mit Metallplättchen an toten Froschkörpern durchführte. Er beobachtete hierbei, dass beim Verbinden der Nerven und Muskeln über einen Metallbogen die Beine des toten Frosches einer Erschütterung ausgesetzt waren. Eine konzeptionelle Darstellung eines dieser Versuchsaufbauten findet sich in Abbildung 1. Nach etlichen Versuchsreihen mit verschiedenen Bedingungen bezüglich Material, Örtlichkeit und Tageszeit, folgerte Galvani, dass die Elektrizität im lebenden Tier vorhanden sein muss, um seine Bewegungen zu steuern. Hierbei stellt der Spannungsträger eine bestimmte Flüssigkeit im Körper dar, die die Spannung von den Nerven zu den Muskeln transportiert. In seiner Versuchsreihe wurde diese durch den Metallbogen ersetzt. [20]

Die ersten Experimente am Menschen führte Ende des 19. Jahrhunderts der deutsche Physiologe Emil Heinrich Du Bois-Reymond durch. Auch hier musste noch eine Einführung des Messgeräts in den Muskel der Versuchsperson durchgeführt werden. Durch seinen ausgeklügelten Versuchsaufbau und eine exakte Arbeitsweise, war es dem Forscher möglich, die Spannungswerte während der Muskelaktivität der Versuchsperson zu messen. Da die Werte zu Beginn seiner Experimente noch relativ gering und daher schwer messbar waren, entfernte er in einem späteren Durchlauf einen Teil der Haut des Versuchsobjekts, schloss an diesem Teil die Elektroden an und konnte weitaus deutlichere Ergebnisse

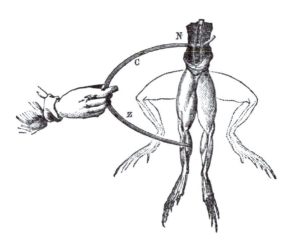

Abbildung 1 Luigi Galvanis Versuchsaufbau mit einem Frosch. Bild übernommen aus [15].

beobachten. [13]

Den letzten Grundstein zu moderneren Forschungen im Bereich der Muskelspannung, welche heute auch schlussendlich zur Steuerung externer Systeme genutzt werden können, legten die beiden amerikanischen Forscher Joseph Erlanger und Herbert Gasser. Durch ihre Erfindung, die die elektrischen Signale der Muskelbewegungen auf ein Oszilloskop darstellen ließ, erhielten sie 1944 den Nobelpreis [16].

2.2   Aktuelle Forschungen: Grenzen austesten

In aktuelleren Forschungsarbeiten zu dem Thema, kommen nun, nachdem alle Grundlagen für die Messung interner Spannungen im menschlichen Körper erschlossen waren, die Nutzung externen Systeme hinzu. Außerdem werden nun andere Methoden der Spannungsmessung verwendet, die keine Penetration des menschlichen Körpers mehr benötigen. Weiterhin werden immer neue Möglichkeiten für den Gebrauch der Technologie gefunden und somit ihre Grenzen ausgetestet. Die Zielsetzung findet sich also im Allgemeinen darin, die Interaktion für den Nutzer möglichst angenehm zu gestalten. Der Ansatz hierfür ist vor allem das Austesten, wie viele Sensoren genutzt werden müssen, um ein sinnvolles Signal für den anschließenden Übertrag auf das externe System zu erhalten. Ebenso werden Forschungen vor allem in Richtung Akzeptanz der Nutzer, beziehungsweise entsprechend der Nutzerfreundlichkeit betrieben. Insgesamt arbeiten die im Folgenden vorgestellten Experimente also auf eine erhöhte Akzeptanz in breiteren Massen hin.

In der Arbeit von Scott Saponas et al., „Demonstrating the Feasability of Using Forearm Electromyography for Muscle-Computer Interfaces" [11], wird unter anderem erkundet, inwieweit es möglich ist, die Elektrodenzahl, die auf der Haut des Probanden zur Messung der Muskelspannung angebracht wird, zu reduzieren und trotzdem noch ein sinnvolles Ergebnis verwerten zu können. Das zu erreichende Ziel war, die Interaktionsschnittstelle zwischen dem Menschen und dem System in einer Weise zu gestalten, die möglichst „komfortabel, unauffällig, und sinnvoll für die Computereingabe" [Anm.: Übersetzung] [11] sein sollte. Sind diese Ziele erfüllt, beispielsweise mit extrem unauffälligen, fehlerresistent angebrachten Elektroden, oder aber durch eine Verbindung mit stilvollem Design, so kann für den Nutzer ein sehr privates und immer verfügbares Interface aufgebaut werden. Die Problematik an dieser Stelle erschließt sich intuitiv: Einerseits sollen die Sensoren für den User leicht und schnell anzubringen sein, um eine Verwendung im Alltag zu gewährleisten. Andererseits gibt es in der realen Welt sehr viele Fehler- und Störungsquellen bezüglich der zu messenden Spannungen. Eine Umwandlung dieser Störeffekte in ein sinnvolles Signal wäre hier wünschenswert. In dem Experiment selbst, in dem Fingerbewegungen aus einer Ruheposition erkannt wurden, wurde letztendlich evaluiert, zu welchem Grad Klassifizierungen von Anspannungsmustern von Muskeln getroffen werden können.

Ein weiteres Paper zum vorliegenden Thema stammt von Jonghwa Kim et al. mit dem Namen „EMG-based Hand Gesture Recognition for Realtime Biosignal Interfacing"[8]. Auch in dieser Arbeit wurden Bewegungsmuster der Hand gemessen um ein ferngesteuertes Spielzeugauto zu lenken. Ebenso eine Problemstellung in diesem Fall war der bisherige Einsatz von zu vielen Elektroden am Arm der Probanden, um die Technologie wirklich alltagstauglich zu machen. Um Störungen herauszufiltern, war es nötig, viele verschiedene Sensoren zu nutzen. Damit wurde eine kombinierte Analyse des Signals bewirkt, die die ursprüngliche Spannung von Störungen unterscheiden sollte. In dem Experiment von Jonghwa Kim et al. wurde für die Steuerung des Autos nur ein einzelner Sensor am Arm genutzt, welcher aus vier vorher festgelegten Handbewegungen die vom Probanden ausgeführte erkennen sollte. Die Eindämmung der Anzahl der Sensoren sollte die Nutzerfreundlichkeit erhöhen, da der Tragekomfort verbessert und die Initialisierungszeit in Form von Anbringung der Elektroden entsprechend verringert würde. Die Ersetzung der zusätzlichen Messgeräte geschah nach der eigentlichen Messung. Durch verschiedene Vorverarbeitungsprozesse wie Bayes und kNN und dem Einsetzen einer Grenze, war eine recht zuverlässige Erkennung und Klassifizierung der Gesten gegeben. Diese wurde von den Probanden auch größtenteils einfach, schnell und natürlich wahrgenommen. Allerdings mussten die Grenzwerte auf jeden Nutzer individuell angepasst werden, da Spannungswerte bei jedem Menschen unterschiedlich ausgeprägt sind. In dem Experiment wurde die Zeit vernachlässigt, die es braucht, bis die Gesten ausgeführt wurden.

Von Enrico Costanza et al. liegt die Veröffentlichung „Intimate Interfaces in Action: Assessing the Usability and Subtlety of EMG-based Motionless Gestures"[4] vor. Die Forscher setzten den Fokus hierbei eher auf den tatsächlichen Nutzen der muskelspannungsbasierten Systeme im Alltag und folglich auch auf deren Benutzbarkeit. Zielsetzung zweier Experimente war es, herauszufinden inwieweit durch diese Technologie private Interaktionen, vorrangig am Smartphone, unbemerkt in einem öffentlichen Kontext ausgeführt werden können. Dies sollte durch das Austauschen einzelner Signale geschehen, deren Auswahl durch die Muskelspannung im Arm gesteuert und über ein Armband erkannt und weitergeleitet werden sollte. Im ersten Durchlauf ging es um die Bedienbarkeit aus Sicht des Nutzers: Anrufe sollten während dem Gang durch einen Flur auf vier verschiedene Möglichkeiten abgelehnt werden, wobei die Geschwindigkeit der Probanden ein Indikator für ihre geistige Anstrengung darstellen sollte. Hierbei konnte das System entweder durch einen Arm oder durch beide Arme gesteuert werden. Insgesamt gab es für beide Ansätze auf Seiten der Probanden eine sehr hohe Akzeptanz und eine minimale geistige Belastung. Über 95% der Aktionen wurden korrekt ausgeführt. Im zweiten Experiment dieser Reihe wurde getestet, ob Menschen im Umfeld des agierenden Nutzers merken, wann eine Interaktion mit dem System geschieht, da, wie oben erwähnt, das Ziel formuliert wurde, möglichst privat und somit unbemerkt handeln zu können. Hierfür wurden Videos, wie in Abbildung 2 dargestellt, von der Interaktion mit dem Gerät in drei verschiedenen Situationen gezeigt. Unter den Videos gab es ein Interface, in dem die Probanden abschätzen sollten, wie sicher sie sich sind, dass gerade eine Interaktion stattgefunden hat. Mit langen Ärmeln über dem Armband war die Interaktion kaum bemerkbar. Im Falle von kurzen Ärmeln lagen 33% der beurteilenden Tester richtig. Wurde das Geräte in dem Video zentriert und größer gezeigt, so lag die Chance, die Interaktion richtig einzuschätzen bei 75%. Insgesamt wurden also bezüglich der Nutzerfreundlichkeit und der Intimität der Handlungen sehr gute Werte erzielt.

Die hier gewählten Forschungsarbeiten legen dar, in welcher Art die Entwicklung der Spannungsmessung und Nutzung derer im Vergleich zu den historischen Arbeiten vonstatten geht. Durch deren Grundlage, ist es heutzutage möglich, die durch die Technologie vorgegebenen Einschränkungen zu überwinden. Denn durch die immer weiter laufende Reduktion der zur Eingabe benötigten Geräte - vom invasiven Messgerät über mehrere Elektroden auf der Haut bis zu einer einzelnen Elektrode, deren Signal im Nachhinein gefiltert und klassifiziert wird - ist eine Verschiebung des Fokus möglich. Man kann sich also immer mehr mit Themen rund um die nutzerzentrierte Gestaltung der Ein- und Ausgabe entsprechender Systeme beschäftigen. Auch eine Erweiterung

■ **Abbildung 2** Costanzas Experiment testet mit welcher Sicherheit Interaktionen erkannt werden. Bild übernommen aus [4].

der Anwendungsgebiete und demzufolge nahtlosem Übergang der Technologie kann, wie in diesem Abschnitt bereits durch die Arbeit von Costanza et al. [4] ausgeführt, nun erschlossen werden. Die Grenzen der technischen Möglichkeiten der Technologie werden immer weiter ausgelotet und auch erweitert, um deren Eingliederung in das Alltagsleben zu erleichtern.

3   Herangehensweise

Im folgenden Kapitel soll genauer erklärt werden, wie die Interaktion der menschlichen Muskeln mit dem externen System auf dem aktuellen Stand vonstatten geht.

3.1   Ermittlung der Spannungswerte

Um vom Muskel zum Apparat zu kommen, muss zuerst (wie auch in Abschnitt 2.1 angedeutet) auf die Natur des Körpers eingegangen werden. Die erste Frage, die sich hier also stellt, lautet „Was muss gemessen werden?", bevor man zum präzisierenden „Wie?" übergeht. Ganz allgemein wird bei der Vorgehensweise der Messung der Muskelspannung ein elektromyographisches Signal[1] gemessen, das in diesem Falle durch isometrische Muskelbewegung entstanden ist. Ursprünglich in der Medizin genutzt, wird beim EMG elektrische Spannung gemessen, die bei Bewegung der Muskeln auftritt. Dadurch, dass alle Muskeln durch das Nervensystem gesteuert werden und jeder Mensch eine individuelle

---

[1] Im Folgenden wird Elektromyographie durch EMG abgekürzt.

Anatomie besitzt, ist das EMG Signal sehr kompliziert und uneinheitlich. Dies wird in Abschnitt 5.1 noch genauer und von einem anderen Standpunkt kommend betrachtet. Wie andere Signale auch, stellt auch das EMG Signal eine Funktion über Zeit dar, welche durch ihre Amplitude, Frequenz und Phase dargestellt werden kann.[10]

Problematisch bei der Erfassung dieses Signals ist einerseits der Anteil an Störungen, die den relevanten Teil der Spannung überdecken. Andererseits kann es ebenso verzerrt sein. Diese Probleme treten vor allem bei der Messung über die Haut auf, da das hierbei erhaltene Signal eine Mischung aus sämtlichen elektrischen Aktivitäten aller Muskelfasern unter der angebrachten Elektrode darstellt. Dies fällt natürlich weg, sobald man invasive Methoden, wie die Einführung einer Nadel in die Muskelfaser, nutzt. Allerdings ist dies im Kontext der Steuerung externer Systeme, sowie deren Nutzung im Alltag, nur schwer durchführbar. [10]

Des Weiteren sollte noch geklärt werden, welche Muskelgruppe als Referenz genutzt wird. Im menschlichen Körper gibt es drei verschiedene Arten von Muskelgewebe [18]:

1. glatte Muskulatur
2. Herzmuskulatur
3. Skelettmuskulatur

Dadurch, dass lediglich die Skelettmuskulatur der willkürlichen Bewegungs-ausführung unterliegt und eine schnelle Kontraktion zu ihren Eigenschaften zählt, wird EMG für die Steuerung externer Systeme nur in dieser Art Mus-kelgewebe gemessen.

Wie oben schon erwähnt, wird das durch die Muskelbewegung entstehende Signal über Elektroden auf der Haut gemessen. Hierbei werden üblicherweise Silber/ Silberchlorid (Ag/AgCl) Plättchen mit Leitpaste genutzt [4, 8]. Nach der Erfassung des Signals ist es nötig, dieses zu verstärken, da sich die gemes-senen Werte durch die Aktivierung von nur relativ kleinen Bewegungen auch nur in einem entsprechend kleinem Bereich befinden. Richtwerte, die an dieser Stelle zu nennen wären, stammen aus der Arbeit von Jonghwa Kim et al., in der verschiedene Handbewegungen in einem Spannungsbereich von circa -1000µV bis 1600µV lagen [8]. In Abbildung 3 kann nachvollzogen werden, wie die Span-nungswerte zu den entsprechenden vorher festgelegten Bewegungen aussehen. Hierbei wird auch nochmals deutlich, wie wichtig es ist, Aktionen auszuwählen, welche sich stark voneinander unterscheiden: Zu ähnliche Bewegungsabläufe lassen nur schwer unterscheidbare Signale entstehen.

Die weitere Verarbeitung des Signals erfolgt durch unterschiedliche Ver-arbeitungsmethoden, wie beispielsweise Bayes und kNN und dem Einsetzen von einem oder mehreren Schwellwerten. Das dient dem Herausfiltern des Ori-

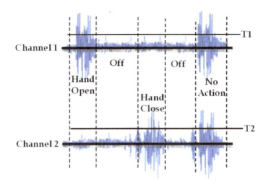

■ **Abbildung 3** Spannungsermittlung von Handbewegungen. Bild übernommen aus [14].

ginalsignals und dessen Vereinfachung im Zuge der weiteren Vorgehensweise bezüglich der Steuerung der externen Systeme. [8]

3.2 Mapping der Spannung

Das vorher verarbeitete Signal wird an dieser Stelle nun mit einem vorgefertigtem Bewegungssignal verglichen. Dieses ist sozusagen das Muster, an welches die durch die Bewegung des Nutzers generierten Signale angelehnt werden sollen. Um dies zu testen wurden, wie bereits in Abschnitt 2.2 erwähnt, in den bisherigen Experimenten vor allem Bewegungen der Hand und des Arms genutzt. Die daraus entstehenden Signalfunktionen wurden in den Experimenten als recht eindeutiges Ergebnis dargestellt.

Der Ablauf des Mappings geschieht also folgendermaßen: Eine Mustersignalfunktion wird durch die Bewegung eines Mitglieds des Entwicklungsteams aufgezeichnet. Damit werden bestimmte Schwellenwerte gesetzt, die dafür sorgen, dass sehr ähnliche Funktionen ebenso als diese Funktion identifiziert werden. Den Nutzern werden diese vorher festgelegten Bewegungsabläufe beigebracht und sie werden eingeübt. Die in der Interaktion mit dem Gerät ausgeführten Abläufe werden mit der Musterfunktion verglichen. Wird ein Signal erkannt, so muss lediglich die entsprechende Funktionalität des zu steuernden Systems ausgelöst werden. Diese Funktionsweise ist momentan noch sehr statisch und unflexibel, da vor der Nutzung des Systems ein Coaching erfolgen muss.

Jedoch sind bereits Entwicklungen in Richtung des Machine Learnings zu beobachten. Wie beispielsweise in der Arbeit von Manfredo Atzori et al. [9] vorgestellt, wird daran gearbeitet, Übersetzungen der Spannungen von geschädigten Muskeln eines Menschen natürlicher auf eine Handprothese zu übertragen. Der Ansatz stellt eine breite Datenbank an Handbewegungen zur Verfügung, welche es folgenden Studien ermöglicht, diese zur Abgleichung zu nutzen und somit ein breiteres und damit natürlicheres Spektrum an Bewegungen darstellen zu können. Durch diese Verbreiterung der Bewegungsabläufe, sowie deren Kalibrierung mit unterschiedlichen natürlichen Bewegungen, lassen sich durch Anwendung von Machine Learning Algorithmen auch weitere Gesten erschließen, was schlussendlich zu der gewünschten natürlicheren Bewegung führen soll.

4   Anwendung und Ziele

Die vorher genannten Vorgehensweisen ebnen den Weg für eine Fülle an Produkten, welche in verschiedenen Bereichen angewandt werden können. Im folgenden Abschnitt sollen die beiden aktuellen Hauptanwendungsbereiche beschrieben werden.

4.1   Medizinischer Bereich

Neben dem hohen Nutzen des EMG im Bereich der Diagnostik für Erkrankungen von Muskeln, ist auch ihr nicht ganz so naheliegender Vorteil in der Steuerung externer Systeme inzwischen von Bedeutung für die Arbeit mit kranken Menschen. Es wurde herausgefunden, dass auch geschädigte Muskeln, die keine oder kaum noch sichtbare Bewegung erzeugen können, durchaus immer noch elektromyographische Signale erzeugen [2]. Diese Erkenntnis öffnet die Tür für eine Fülle an Systemen, welche es bewegungseingeschränkten Menschen ermöglichen, mit einem Computer zu kommunizieren, der wiederum die Kommunikationswege zu anderen Menschen eröffnen kann. Durch Geräte wie „Neuronode"[2] von Control Bionics werden über drei Elektroden die Muskelspannungen erfasst und über Bluetooth Smart mit einem Computer, Tablet oder Smartphone in Verbindung gebracht.

Ein weiterer vielversprechender Einsatzbereich des EMG Verfahrens in der Medizin wird in einer Arbeit von Manabe et al. [7] beschrieben. Hierbei handelt es sich um den Einsatz in der Spracherkennung ohne Laute. Durch die Muskeln um den Mund herum können, entsprechend der Wörter, die Signale erkannt werden, woraus man anschließend die „gesagten" Wörter reproduzieren kann. In der Arbeit selbst wurde der Einsatzbereich der Entwicklung eher im Sinne von Kommunikation in öffentlichen Einrichtungen, wo Ruhe erwünscht ist, gesehen. Jedoch ist der Gebrauch davon auch in dem Kontext von durch

---

[2] Neuronode   Product   Page   http://www.controlbionics.com/wp/wp-content/uploads/2017/03/NeuroNode_Product-Package.pdf aufgerufen am 04.01.18

Krankheit bedingtem Stimmverlust naheliegend. Hierbei müssten die Signale der Muskeln um den Mund herum lediglich erkannt, in Wörter umgewandelt und anschließend durch ein Computerprogramm gesprochen werden. Dies wäre für viele betroffene Menschen eine denkbar einfache Möglichkeit, um besser mit ihrer Außenwelt kommunizieren zu können. Allgemein sollen also Menschen, die gewisse Einschränkungen hinsichtlich Kommunikation oder Bewegung im Allgemeinen besitzen, in diesen Bereichen unterstützt werden.

4.2 Alltag

Wie bereits in Abschnitt 2.2 angerissen, fokussieren sich Forscher neben dem medizinischen Bereich auch auf das Alltagsleben und beschäftigen sich sehr mit Ubiquitous Computing in Verbindung mit EMG-basierten Systemen. Vor allem die private Kommunikation im öffentlichen Raum ist dabei ein großes Thema [4]. Ziel dieser Revolution in der Kommunikation über Mobiltelefone ist vor allem die Erhöhung der Intimität. Dies bezieht sich einerseits auf den Inhalt der Kommunikation, das heißt was genau zwischen den Gesprächspartnern besprochen wird, sowie auch auf die Existenz der Kommunikation im Ganzen, andere Menschen im Raum sollen nicht merken, dass ein Informationsaustausch stattfindet. Ein Anwendungsbeispiel ist hierbei ein Besprechungstermin am Arbeitsplatz.

Ein großer Vorteil des Einsatzes von EMG im Alltag, vor allem bezüglich der Interaktion mit dem Smartphone, liegt in der speziellen Art des Interfaces. Feedback wird entweder durch Vibrationen direkt am Arm [19] oder beispielsweise durch Kopfhörer [4] gegeben. Der große Vorteil ist also die Entfernung von visuellem Feedback, welches in jeglichen anderen Systemen mit Interaktionsmöglichkeiten gegeben ist. Dadurch kann die Aufmerksamkeit der Augen, also dem primären Sinnesorgan des Menschen, auf der Umwelt, wie beispielsweise dem Straßenverkehr, liegen und die Interaktion mit dem System geschieht in einer untergeordneten und somit meist ungefährlicheren Form [19].

Auch in Videospielen findet Elektromyographie ihren Einsatz. Beispielsweise in dem Spiel „Muscleman"[1], welches im Rahmen einer Forschungsarbeit an der Universität in Seoul entstanden ist, werden typische Pop-Kultur Bewegungen vom Spieler nachgeahmt, über EMG erkannt und auf einen Avatar im Spiel übertragen. Eine dieser Attacken ist in Abbildung 4 zu sehen: Nach einer anfänglichen Aufladungsphase wird ein Laserstrahl durch die entsprechende Bewegung freigesetzt. Neben den Elektroden wurde zusätzlich ein Beschleunigungsmesser genutzt, um die Präzision der Erkennung der ausgeführten Bewegungen zu erhöhen. Zusätzlich konnte dadurch die im Spiel ausgeführte Intensität der Attacke bestimmt werden und somit zwischen stark ausgeführten Attacken, bei denen die Bewegung heftig ausgeführt wurde, und schwachen

Abbildung 4 Bewegungsabläufe im Kampfspiel Muscleman. Bild übernommen aus [1].

Attacken unterschieden werden. [1]

Allgemein kann man sagen, dass die Anwendungsgebiete und Ziele von EMG-gesteuerten Systemen in der Alltagswelt sehr weitreichend und unterschiedlich sind. In verschiedensten Bereichen können nach und nach die ursprünglichen Eingabemethoden durch die erleichterte Bedienung und Verfügbarkeit der auf EMG basierenden Instrumente ersetzt werden.

5   Herausforderungen und Ausblick

Natürlich geht der Einsatz von auf EMG basierenden Techniken zur Steuerung externer Systeme auch mit einigen Problematiken und Herausforderungen für dessen Entwicklung einher. In diesem Abschnitt sollen diese Thematiken adressiert werden, sowie einige Lösungsansätze, welche so oder so ähnlich in zukünftigen Forschungen behandelt werden könnten.

5.1   Generalisierbarkeit bei Endverbraucherprodukten

In nahezu allen bisher verwendeten Quellen zu dem vorliegenden Thema, wurde als Herausforderung angeführt, dass die Spannungswerte, die die Muskeln erzeugen, von Mensch zu Mensch unterschiedlich ausfallen. Dadurch ist klar, dass es sich als schwierig gestaltet, eine effektive, breiter gefächerte und vor allem kommerziell vermarktbare Lösung zu entwickeln. Die Algorithmen zur Datenanalyse müssen so geschaffen sein, dass sie richtige Gesten als diese erkennen und falsche Gesten herausfiltern - und das bei immer anderen Spannungswerten und möglichst ohne großen Kalibrierungsaufwand, welcher der im Alltag geforderten Einfachheit der Nutzung im Weg stünde. Da allerdings an dem Fakt, dass sich Spannungswerte unterscheiden und der Anforderung zur möglichst hohen Genauigkeit der Spannungserkennung nicht zu rütteln ist, müssen in der Zukunft wohl tatsächlich bessere - das heißt schnellere und genauere - Methodiken für die anfängliche Kalibrierung der Tools geschaffen werden. Hierbei könnten auch Aspekte der Künstlichen Intelligenz im Sinne eines „lernenden Sensors" in der Zukunft Anwendung finden.

5.2 Verringerung von Störungsanteilen

Wie unter anderem in dem Paper von Saponas et al.[11] beschrieben, bringt der Einsatz von Elektroden auf der Haut statt invasivem Eindringen in das Muskelgewebe den Nachteil mit sich, dass die daraus resultierenden Signale deutlich weniger akkurat sind. Grund dafür sind jene Störungen, die durch Spannungserzeugungen aus der Umgebung des eigentlich gewünschten Muskels kommen. Das beinhaltet beispielsweise umliegenden Muskelgruppen oder die Bewegung der Haut über dem Muskel.

Dadurch, dass diese Dinge einen starken Einfluss auf die Signalerkennung haben, gestaltet sich auch hierbei der Einsatz im Alltag als problematisch. Vor allem bei Systemen, welche eher nebenbei durch Muskelaktivität gesteuert werden sollen ist dies schwierig. Es kann sich als kompliziert erweisen, lediglich die gewünschte Muskelgruppe zur Aktivierung zu nutzen, ohne dabei die volle Aufmerksamkeit darauf richten zu müssen, auch wirklich nur diese Muskeln zu bewegen.

Auch die unvermeidlichen Störungsanteile durch die Haut über dem gemessenen Muskel können das Signal verfälschen. Weitere Forschungen müssen an dieser Stelle zeigen, inwieweit hier eventuell ein Mittelweg zwischen den beiden Methoden der Messung - invasiv und auf der Oberfläche - in Frage kommt. Dies wäre natürlich von Anwendung zu Anwendung zu unterscheiden. In diese Richtung legen beispielsweise Ganesh R. Naik und Dinesh K. Kumar einen Schwerpunkt ihrer Forschungen. Durch die Messung der Signale mit Independent Component Analysis (ICA) [5] beziehungsweise deren Erweiterung, multi-run ICA (MICA) [12], wurden erste Schritte in Richtung der Identifizierung des aktiven Muskels gemacht, auf denen weiterhin aufgebaut werden kann.

5.3 Nutzerfreundlichkeit

Auch im Bereich der Nutzerfreundlichkeit ergeben sich für auf EMG basierenden Systeme ganz neue Herausforderungen. Dadurch, dass man kein User Interface im herkömmlichen Sinne hat, muss die Nutzerfreundlichkeit von Null an neu aufgezogen werden. Diverse Tests, wie im auf Nutzbarkeit bezogenen Experiment von Costanza et al. [4] ausgeführt, sollen dabei helfen, zu verstehen welche Arten der Interaktion mit dem System für den Nutzer hilfreich und einfach ausführbar sind. Bezüglich der Nutzerfreundlichkeit gibt es in Zukunft wohl noch einige offene Fragestellungen, da das Thema nicht abschließbar ist, sondern Verbesserungen zu jeder Zeit möglich sind. Dennoch steht man hierbei aktuell noch in einem sehr primitiven Stadium.

Eine weitere Fragestellung die sich in Verbindung damit stellt, bezieht sich auf die sinnvollen Einsatzgebiete des EMG. In dem Paper von Kim et al.

[8] wurde EMG zur Steuerung eines funkgesteuerten Spielzeugautos genutzt. Durch die Verzögerungen zwischen den Aktionen, den Messungen und den Reaktionen der Probanden stellte sich dies allerdings für den Gebrauch in einem realen Umfeld als problematisch dar. In dem Experiment wurden die Zeiten vernachlässigt, die es braucht, bis der User die steuerungsrelevanten Gesten ausführt. Daher ist diese Vorgehensweise wohl eher für „ruhigere" Systeme, die keine harten Echtzeitanforderungen haben, geeignet. Eine entsprechende Klassifizierung und Abschätzung der Sinnhaftigkeit zur Auswahl der zu steuernden Systeme ist daher nötig.

Ebenso wurden in den Experimenten von Costanza et al.[4] nur sehr wenige Probanden, welche zusätzlich auch noch in eine ähnliche Altersgruppe gefallen sind und sich in einer ähnlichen Lebenssituation (Studenten) befanden, herangezogen. Daher können die in der Arbeit gewonnenen Erkenntnisse über Nutzbarkeit nur sehr bedingt zu Aussagen über die Akzeptanz der Nutzer und eventuelle Anforderungen an die Nutzerfreundlichkeit genutzt werden. Allerdings liegt hierbei die Problematik eher darin, dass die zu testenden Systeme wohl eine recht geringe Akzeptanz in anderen Nutzergruppen hätten. Vor allem die Anbringung von Sensoren nur um der Technik willen, würde wahrscheinlich vor allem ältere Menschen von der Teilnahme an einer Studie abschrecken. Für entsprechende Versuchsaufbauten müsste erheblich größerer Aufwand in die initiale Phase gesteckt werden, um den Probanden den Nutzen und den exakten Testaufbau bewusst zu machen. Folglich würde hier in vielen Fällen die Offenheit und damit zusammenhängend eine Teilnahme an den Experimenten schätzungsweise erheblich geringer ausfallen, als in den durchgeführten Versuchen der bereits benannten Forschungsarbeiten. Da aber auch diese nur eine sehr geringe Teilnehmerzahl vorweisen konnten, ist dieses Risiko in vielen Fällen den Aufwand wohl nicht wert. Dennoch muss auch in Gruppen mit ähnlichen Probanden zumindest versucht werden, eine ansatzweise repräsentative Menge an Versuchspersonen zu finden, um Aussagen über die Nutzerfreundlichkeit treffen zu können.

6   Zusammenfassung und Bewertung

Zusammenfassend kann man also sagen, dass Elektromyographie schon eine recht lange Geschichte im medizinischen Kontext hat. Durch EMG können diverse Muskelerkankungen erkannt und behandelt werden. Ihre Ausweitung einerseits auf andere Bereiche der Medizin im Sinne der Steuerung externer Systeme durch Muskelspannungen, welche auch für jene Muskeln möglich ist, deren eigentliche Funktionstüchtigkeit, die Bewegung, eingeschränkt ist, eröffnet schwer beeinträchtigten Patienten neue Möglichkeiten zur Interaktion mit Maschinen und Menschen und hebt deren Lebensqualität somit wohl sehr.

Auf der anderen Seite steht die Nutzung der Elektromyographie im Alltag gewöhnlicher Menschen und deren Sinn und Zweck. Ihr Einsatz in diesen Bereichen ist um einiges weniger naheliegend, wenn man von der reinen Sinnhaftigkeit ausgeht, da dem Menschen im täglichen Leben keine komplett neuen Fähigkeiten ermöglicht werden. Es handelt sich daher bisher bei weitem um keine solch starke Einflussnahme auf das Leben oder die Lebensqualität wie im vorher besprochenen medizinischen Bereich.

Geht man allerdings nicht von der Sinnhaftigkeit des Einsatzes im Alltag aus, sondern lediglich von dem vorherrschenden Trend, dass ausnahmslos alle Bereiche unseres Lebens momentan eine Transformation im Sinne der Digitalisierung durchlaufen, so fühlt sich EMG als Eingabemethode für externe Systeme lediglich wie der nächste logische Schritt in diesem Prozess der Allgegenwärtigkeit der Digitalisierung an.

Allerdings kann man ebenso davon ausgehen, dass die in diesem Paper beschriebenen Vorgehensweisen und Einsatzmethoden lediglich die ersten Schritte in einem weiterlaufenden Prozess der Entwicklung und möglicherweise Etablierung von EMG als Eingabemethode sind. Vor allem die Herausforderungen, welche in Abschnitt 5 beschrieben wurden, scheinen mit moderatem Aufwand verbunden, jedoch in keiner Weise unmöglich. Die Bewältigung dieser wird allerdings Aufschluss darüber geben, ob und in welcher Art die Nutzung der Elektromyographie im Alltag geschehen wird. Kann die Kommerzialisierung durch die Individualität der menschlichen Muskelspannung oder fehlende Nutzerfreundlichkeit der Systeme nicht erfolgen, so wird die Technologie wohl (auch) in Zukunft eine Spielerei für eine Nischengruppe interessierter Leute bleiben und lediglich in kleineren Anwendungen ohne seriösen Kontext, wie beispielsweise Videospiele, Anwendung finden.

Werden diese Problematiken gelöst, so könnte dies der Beginn einer Revolution fort von auf Displays dargestellten Systemen und hin zum Computer direkt am oder im Menschen sein. Ubiquitous Computing könnte damit einen erheblichen Schritt vorwärts machen. Man darf also gespannt sein, welchen Stellenwert Elektromyographie in der technologischen Geschichte der Menschheit haben wird und ob schon bald der generelle Funktionsbegriff der Muskeln auch für die breite Masse um eine Erweiterung reicher ist.

Literatur

1   Hee Chan Kim Duck Gun Park. Muscleman: Wireless input device for a fighting action game based on the emg signal and acceleration of the human forearm. 2011.

2   Carla Cordivari et al. Treatment of dystonic clenched fist with botulinum toxin. 2001.

3   Enrico Costanza et al. Toward subtle intimate interfaces for mobile devices using an emg controller. 2005.

4   Enrico Costanza et al. Intimate interfaces in action: Assessing the usability and subtlety of emg-based motionless gestures. 2007.

5   Ganesh R. Naik et al. Hand gestures for hci using ica of emg. 2006.

6   Harry Whitaker et al. *Brain, Mind and Medicine:: Essays in Eighteenth-Century Neuroscience.* 2007.

7   Hiroyuki Manabe et al. Unvoiced speech recognition using emg - mime speech recognition -. 2003.

8   Jonghwa Kim et al. Emg-based hand gesture recognition for realtime biosignal interfacing. 2008.

9   Manfredo Atzori et al. Electromyography data for non-invasive naturally-controlled robotic hand prostheses. 2014.

10   MB Raez et al. Techniques of emg signal analysis: detection, processing, classification and applications. 2006.

11   Scott Saponas et al. Demonstrating the feasability of using forearm electromyography for muscle-computer interfaces. 2008.

12   Dinesh K. Kumar Ganesh R. Naik. Identification of hand and finger movements using multi run ica of surface electromyogram. 2012.

13   Leslie Geddes. From muscle twitches to sustained (tetanic) contraction: the discovery of du bois-reymond. 1999.

14   Guanglin Li. Electromyography pattern-recognition-based control of powered multifunctional upper-limb prostheses. 2011.

15   David Ames Wells Luigi Galvani. *The science of common things: a familiar explanation of the first principles of physical science.* Publisher Ivision, Phinney, Blakeman, 1859.

16   Nobel Media AB 2014 Nobelprize.org. The nobel prize in physiology or medicine 1944. 2014.

17   Francesco Redi. *Experiences on several natural things and particularly on those coming from the India, written to the very Reverend Father Athanasius Chircher of the Company of Jesus.* 1671.

18   Spomedial. Muskelgewebe. 2009.

19   D. Tan, T.S. Saponas, D. Morris, and J. Turner. Wearable electromyography-based human-computer interface, May 19 2015. US Patent 9,037,530. URL: https://www.google.com/patents/US9037530.

20   Harry Whitaker. *A history of the theories of aether and electricity. Vol 1.* 1951.

Eine endlos große virtuelle Landschaft in meiner VR-Brille: Wie kann ich mit dieser effektiv interagieren?

An Ngo Tien

Ludwig-Maximilians-Universität München, München, Deutschland
A.Tien@campus.lmu.de

───── **Zusammenfassung** ──────────────────────────────────

Virtual Reality ist heutzutage kein Fremdwort mehr. Aber wie funktionieren diese virtuellen Welten eigentlich? Wie kann eine so unendlich große virtuelle Welt in so kleine Brillen passen und wie kann man in dieser effektiv interagieren? Diesen Fragestellungen und der Bewertung möglicher Lösungsansätze widmet sich dieser Artikel.

1998 ACM Subject Classification H.5.1 Multimedia Information Systems

Keywords and phrases virtual reality, interaction, keyboard, presence and immersion

1 Einführung

Virtual Reality (VR) und Augmented Reality (AR) sind für den Großteil der Bevölkerung kein Fremdwort mehr. Im Elektrofachgeschäft für den eigenen Gebrauch, auf Messen für Werbezwecke oder als Prototypenplattform in Unternehmen, diese Technologie wird bereits in den unterschiedlichsten Bereichen verwendet. So rechnet das US-Marktforschungsinstitut IDC mit insgesamt 13,7 Millionen verkauften VR und AR Headsets im Jahr 2017 [4].

Head-Mounted-Displays (HMDs) sind keine neue Technologie. Schon bereits im Jahre 1968 wurde das „Sword of Domacles" erfunden, welches damals aufgrund seines Gewichtes an der Decke befestigt werden musste. Hingegen sind moderne HMDs wesentlich ergonomischer (siehe Abbildung 1) und besitzen die Fähigkeit, eine hoch immersive Erfahrung zu ermöglichen. Diese Eigenschaften führten zu einem starken Anstieg in der Popularität dieser Headsets in den letzten Jahren.

Cite as: An Ngo Tien. Eine endlos große virtuelle Landschaft in meiner VR-Brille: Wie kann ich mit dieser effektiv interagieren?. In *1st Seminar on Ubiquitous Interaction (UBIACTION 2018-1)*. Editors: Matthias Hoppe, Jakob Karolus, Thomas Kosch, Pascal Knierim, Albrecht Schmidt. January 25, 2018. Munich, Germany. pp. 6:1–6:20.

■ **Abbildung 1** Diese Grafik zeigt die HTC Vive, die zwei Lighthouses und zwei Kontroller anbietet. Die Kontroller ermöglichen Interaktionen in der virtuellen Welt, während die Lighthouses Bewegungen des Nutzers in Echtzeit trackt.
Quelle: https://www.flickr.com/photos/pestoverde/26087568804
Bild   aufgenommen   von   Maurizio   Pesce: CC   BY   2.0   (https://creativecommons.org/licenses/by/2.0/)

1.1   Präsenz und Immersion

Dieser Abschnitt beschreibt Präsenz und Immersion in Verbindung mit modernen VR Brillen.

Aktuelle HMDs überzeugen mit ihrer Fähigkeit eine immersive virtuelle Umgebung darzustellen. Immersion ist eine messbare Eigenschaft, die beschreibt, wie genau eine Technologie die Realität replizieren kann [17]. Beispielsweise, besitzen HMDs einen höheren Immersionsgrad als Bücher, da VR-Brillen die Bewegung des Nutzers in die virtuelle Welt übertragen und eine virtuelle Landschaft anzeigen können. Im Vergleich bestehen Bücher nur aus Text und müssen deshalb erst vom Leser mit Hilfe der Vorstellungskraft visualisiert werden.

Mit Hilfe einer hohen Immersion kann den Nutzern ermöglicht werden, sich in eine fiktive (oder in diesem Falle virtuelle) Welt hineinzuversetzen und die Geschehnisse „hautnah" zu erleben. Dieses subjektive Gefühl, sich an einem anderen Ort zu befinden, als man tatsächlich physikalisch ist, wird als Präsenz bezeichnet [17]. Um ein hohes Präsenzgefühl zu induzieren, ist es von Vorteil, dass die Geschehnisse in VR den Vorstellungen des Nutzers entsprechen [17]. Dies kann durch Sinneseindrücke, die die Technologie liefert, ermöglicht werden, sodass beispielsweise aus einer virtuellen Landschaft mit Bäumen und Tiergeräuschen ein Wald in den Vorstellungen des Nutzers entsteht. Insgesamt kann durch die HMD-Technologie eine erhebliche Präsenz erreicht werden, da HMDs einen hohen Immersionsgrad aufweisen.

1.2 Problemstellung

Wie im vorhergehenden Abschnitt erwähnt, ist die immersive Qualität von HMDs bemerkenswert. Allein durch das Aufsetzen einer Brille können Nutzer in eine beliebige Welt transportiert werden.

Es stellt sich anschließend die Frage, wie virtuelle Welten gestaltet werden können, sodass sie zum Präsenzgefühl beitragen. Konkret sollten Interaktionen in VR mit den Vorstellungen und Erwartungen der Nutzer übereinstimmen und gleichzeitig effektiv sein. Triviale Dinge, wie das Greifen und Manipulieren von Objektes, sind nicht selbstverständlich. Wie funktioniert die Interaktion mit Objekten in VR? Zudem ist der Raum, in dem ein HMD benutzt wird, limitiert. Wie können größere virtuelle Welten auf den kleineren Raum in der echten Welt abgebildet werden? Wie funktioniert eine Texteingabe ohne Tastatur? Das sind alles Problemstellungen, zu denen es unterschiedliche Lösungsansätze gibt. Im folgendem werden gängige Interaktionsmöglichkeiten in VR zusammengefasst und bewertet.

2 Interaktion mit virtuellen Objekten

Dieser Abschnitt definiert eine Interaktion und stellt gängige Interaktionskonzepte, die in der virtuellen Welt benutzt werden, vor.

Für die Interaktion in VR werden Eingabegeräte benötigt, für die in der Regel Kontroller eingesetzt werden. Neben dieser Modalität existiert auch die Möglichkeit die eigenen Hände [6] oder die Blickrichtung für eine Interaktion zu benutzen [21]. Eingabegeräte werden durch Sensoren an der korrespondierenden Position in der virtuellen Szene angezeigt. Bewegt ein Nutzer die Hand, wird dessen Bewegung in VR übertragen.

Eine Interaktion kann grundsätzlich in zwei Schritten unterteilt werden:

1. Selektionsphase
2. Manipulationsphase

In der Selektionsphase wird das auszuwählende Objekt zuerst lokalisiert. Danach wird das Eingabegerät an diese Position bewegt. Überlagern sich diese, kann der Nutzer ein Signal geben (z.B. Betätigen eines Knopfes) um eine Selektion zu starten (siehe Abbildung 2). Wenn ein Objekt selektiert wurde, folgt die Manipulationsphase. In dieser Phase kann Position und Rotation des Objektes angepasst werden. Mit einem weiteren Signal kann das Objekt deselektiert werden - somit endet die Interaktion.

2.1 Virtuelle Hand

Die virtuelle Hand (übersetzt aus dem Englischen: virtual hand [1]) ist eine Methode zur Interaktion in VR (siehe Abbildung 3 links), die identisch zu

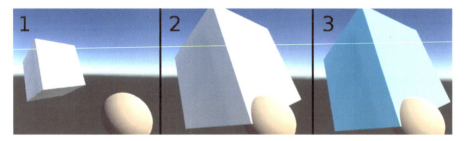

🟨 **Abbildung 2** Die drei Schritte einer Selektion: (1) Nutzer sieht das Objekt. (2) Nutzer bewegt sein Eingabegerät zum Objekt. (3) Nutzer bestätigt seine Selektion. *Quelle: selbst-erstellte Szene in Unity 2017*

der realen Welt ist: Eine Interaktion startet mit dem Greifen eines Objektes. Anschließend kann das Objekt durch Handbewegung rotiert oder an eine beliebige Position gesetzt werden. Lässt der Nutzer das Objekt los, endet die Interaktion. Für Objekte in nicht greifbarer Nähe ist diese Methode nicht anwendbar.

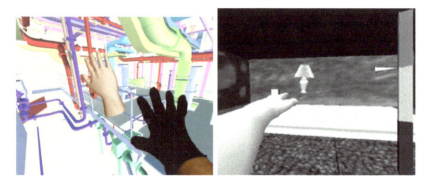

🟨 **Abbildung 3** Links [1]: Hier sieht man eine virtuelle Hand. Rechts [2]: Ein Beispiel der Armverlängerung: Der Arm wächst in der Länge, dadurch kann die Lampe erreicht werden.

2.2 Armverlängerung

Um Objekte in der Ferne auszuwählen, wurde die virtuelle Hand zur Armverlängerung (übersetzt aus dem Englischen: arm-extension technique [2]) erweitert. Diese erlaubt es Nutzern, Objekte in der Ferne mit der Hand zu selektieren (siehe Abbildung 3 rechts), indem der Arm über die tatsächliche Armlänge des Nutzers hinauswächst. Hierfür gibt es drei Strategien [2]:

- GoGo: Bei der GoGo-Technik wird die virtuelle Armlänge auf die Raumgröße skaliert. Die Skalierung ist von der virtuellen Raumgröße abhängig.

Der Nutzer kann nun Objekte am Ende des Raumes greifen.

- Fast GoGo: Es handelt sich um eine optimierte Version der GoGo-Technik. Verlängerungen verlaufen schneller und gehen ins Unendliche. Wenn der Nutzer konstant seine Hand über eine bestimmte Armlänge hält, vergrößert sich der Arm stetig.

- Stretch GoGo: Diese Technik unterteilt die Armlänge des Nutzers in drei Bereiche. Einen Bereich am Körper, am ausgestreckten Arm und dazwischen. Je nach Position der Hand ändert sich die Länge des virtuellen Arms. Beim ausgestreckten Arm, wächst dieser in die Szene und am Körper schrumpft dieser. Im mittleren Bereich bleibt der Arm konstant.

Die Manipulation bei der Armverlängerung ist identisch zur virtuellen Hand.

2.3   Laserpointer

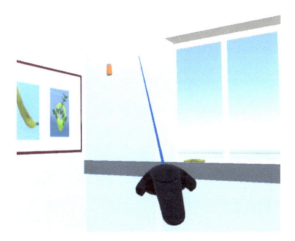

🟨 **Abbildung 4** Am Kontroller befindet sich ein blauer Strahl, der in die virtuelle Szene führt. Mit diesem Strahl lassen sich Objekte in der Szene auswählen.

Ein weiterer Weg, auch Gegenstände in der Ferne auszuwählen, ist durch einen Laserpointer (engl. raycast [1]). Dieser kann beispielsweise an einem Kontroller verankert sein (siehe Abbildung 4). Durch die Fixierung bewegt sich der Strahl mit dem Kontroller. Allerdings kann der Strahl ebenso explizit durch eine andere Quelle gesteuert werden (siehe Abbildung 5). Wenn der Strahl ein Objekt berührt, kann durch ein Signal des Nutzers dieses ausgewählt werden.

Eine Manipulation mit dem Laserstrahl ist nur beschränkt ausführbar [2]. Aufgrund der Fixierung ist es nicht möglich eine Rotation oder Translation einzeln zu tätigen [2]. Wenn der Gegenstand gedreht wird (außer um die Achse des Strahls), bewegt sich dieser mit. Umgekehrt, rotiert der Gegenstand bei einer erneuten Platzierung, weil sich die Ausrichtung des Kontrollers mitverändert [2]. Eine präzise Manipulation ist somit nicht realisierbar. Zusätzlich bietet der Laserpointer keine Option für die Distanz an: Sobald ein Objekt ausgewählt worden ist, hängt es an einem festen Punkt des Strahls. Ein denkbarer Lösungsansatz ist die Steuerung durch Benutzereingaben, die das Objekt entweder näher oder weiter entfernt zum Nutzer platzieren [2].

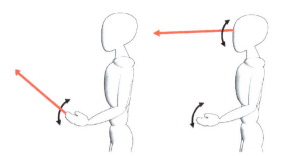

■ **Abbildung 5** Diese Grafik [1] zeigt zwei verschiedene Arten zur Steuerung eines Strahls. Links ist der Strahl an der Hand des Nutzers befestigt und rotiert sich mit diesem. Rechts ist der Strahl am Kopf des Nutzers. Um diesen zu steuern, muss der Nutzer seine Hand bewegen. Der Strahl ist demzufolge nicht an die Rotation des Kopfes gekoppelt.

2.4 Blick-basierte Interaktion

Diese Technik ist eine Modifikation der Laserpointer Interaktion [1]. Der Nutzer steuert einen imaginären Strahl, der vom Kopf des Nutzers in die Szene zeigt (siehe Abbildung 6). Dadurch kann das System anhand des Interesses des Nutzers (Richtung seines Blicks) entscheiden, mit welchem Objekt interagiert werden soll [8]. Es kann zwischen der Steuerung durch Blickrichtung oder Kopfausrichtung unterschieden werden. Die Steuerung durch die Kopfausrichtung wird besonders im Bereich von AR benutzt [7].

Die Selektion mit Hilfe der Blickrichtung benötigt zusätzliche Hardware (z.B. der Tobii Eye Tracker [21]), die die Blickrichtung des Nutzers anhand Sensoren ermittelt. Zu diesem Punkt geht der imaginäre Laserstrahl. Bei der Auswahl durch die Kopfausrichtung befindet sich ein fester Punkt in der Mitte des Sichtfeldes des Benutzers, zu dem ein imaginärer Laserstrahl verläuft. Er sitzt an einer festen Position und bewegt sich mit der Kopfbewegung.

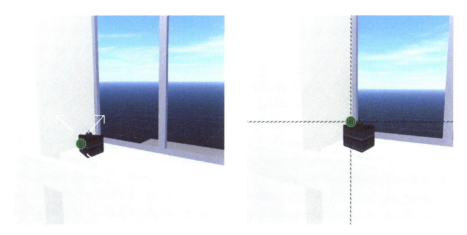

Abbildung 6 Diese Grafik zeigt zwei unterschiedliche Blickmethoden aus Sicht des Nutzers. Links bewegt sich der Selektionspunkt mit den Augenbewegungen des Nutzers, sodass er immer zur Blickrichtung zeigt. Rechts bewegt sich der Selektionspunkt mit dem Kopf. Der Punkt ist fest in der Mitte des Blickfeldes verankert.

Mit der blick-basierten Interaktion vereint man den ersten und zweiten Schritt der Selektion: Beim Lokalisieren des Objektes wird das Selektionsgerät (Blickrichtung oder Kopforientierung) bereits an die richtige Position bewegt. Gleichzeitig muss festgelegt werden, wann eine Selektion stattfindet, da auch Objekte angesehen werden, die man nicht selektieren möchte. In der Regel wird das durch eine Verweilzeit (engl. dwell time) implementiert, die vergehen muss, bis ein Objekt ausgewählt wird [8]. Alternativ können für die Selektion andere Signale verwendet werden.

2.5   Welt in Miniatur

In den bereits vorgestellten Interaktionstechniken steht der Nutzer im Mittelpunkt. In Welt in Miniatur (WIM, engl. world in miniature [19]) ist die virtuelle Szene im Zentrum der Interaktion (siehe Abbildung 7). Bei dieser Modalität können Nutzer, mit Hilfe einer Miniaturdarstellung der Welt, ihren Inhalt verändern und manipulieren. In einer Hand befindet sich die Miniaturdarstellung, während die andere Interaktionsmöglichkeiten anbietet. Nutzer können beispielsweise Gegenstände in der Miniaturdarstellung bewegen, sodass die Positionen im virtuellen Raum angepasst werden.

2.6   Fazit

Es gibt viele Arten zur Interaktion mit virtuellen Gegenständen. Jede Methode besitzt verschiedene Stärken und Schwächen. So besitzt WIM den Vorteil, dass

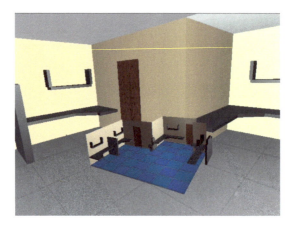

■ **Abbildung 7** Eine Welt in Miniatur in VR. Veränderungen an der Miniatur wirken sich auf die virtuelle Szene aus [19].

keine Objekte verdeckt werden. Im Vergleich, wenn der Nutzer im Zentrum der Interaktion steht, kann dieser nur sichtbare Objekte auswählen [1]. Objekte, die nicht sichtbar sind, können nicht selektiert werden. Um die Okklusion zu umgehen muss der Nutzer sich erneut positionieren. Des Weiteren kann durch eine Translation das Objekt hinter, oder sogar in ein anderes Objekt verschoben werden (wegen Platzmangel oder fehlerhafter Navigation). In diesem Fall wäre ein Steuerelement hilfreich, das gezielt oder adaptiv Objekte ein- und ausblenden kann. Piercel et al. hat beispielsweise ein adaptives System entwickelt, das den Blickwinkel abhängig von der Distanz zum Objekt anpasst [14].

Ein weiteres Problem bei einer Interaktion bei nutzerzentrierten Strategien ist die Hand-Augen-Sichtbarkeit (übersetzt aus dem Englischen: eye-hand-visibilty [1]): Nicht jedes sichtbare Objekt ist selektierbar durch die verlängerte Hand oder den Laserstrahl, da die Augen des Nutzers sich an einer anderen Position befinden als die Selektionsgeräte, da der Winkel zum Objekt jeweils unterschiedlich ist. (siehe Abbildung 8).

Die Armverlängerung und der Laserpointer bieten beide die Option, weit entfernte Gegenstände effektiv zu selektieren [15]. Im direkten Vergleich zeigte die Studie von Poupyrev et al., dass die GoGo Technik für präzise Selektionen, also von kleinen, weit entfernten Objekten, besser geeignet ist, während die Selektion durch einen Laserstrahl für große, weit entfernte Objekte effektiver ist [15].

Während die Manipulation bei der virtuellen Hand und der Armverlängerung intuitiv ist, erweist sich die Manipulation bei den Laserpointer Techniken als komplizierter [2]. Bei der blick-basierten Interaktion ist das besonders schwer, da der Kopf bzw. das Auge nur beschränkte Bewegungsfreiheit besit-

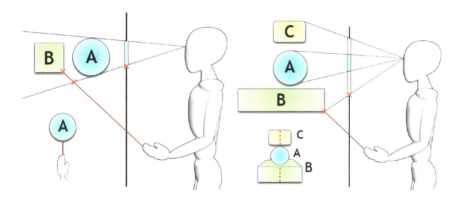

Abbildung 8 Diese Grafik zeigt zwei Beispiele eines Hand-Augen-Sichtbarkeit Konflikts. Im linken Bild kann der Nutzer das Objekt B durch das Objekt A nicht sehen, aber dennoch mit seinem Laserpointer auswählen. Rechts ist es genau umgekehrt: Der Nutzer sieht alle Objekte, kann aber nicht Objekt A auswählen, weil Objekt B dazwischen liegt. [1]

zen. Auf der anderen Seite ist die Selektion durch Laserpointer einheitlicher, da nicht zwischen weit entfernten und nah entfernten Objekten differenziert werden muss. Wohingegen bei der Armverlängerung die Länge des Armes je nach Objekt angepasst werden muss. Bei der virtuellen Hand sind nur Objekte in greifbarer Nähe selektierbar. Es gibt die HOMER Methode, die die Vorteile dieser zwei Techniken vereinigt [2]. Bei dieser wird die Selektion mit dem Laserpointer ausgeführt. Anschließend wird das ausgewählte Objekt an die Hand des Nutzers positioniert, sodass der Nutzer das Objekt manipulieren kann.

Die blick-basierte Interaktion mit der Blickrichtung hat einen entscheidenden Vorteil gegenüber den anderen Methoden: Da die Augen nicht von Dritten beobachtet werden können, ist diese Technik resistenter gegen shoulder surfing Angriffe. Angreifer könnten ansonsten unbemerkt HMD Nutzer ausspionieren, da diese ihre reale Umgebung nicht sehen. Wenn diese Gefahr eliminiert wird, kann es dazu führen, dass Nutzer sich keine Gedanken über einen potentiellen Angriff machen, wodurch das Entstehen von Präsenz erleichtert wird. Zudem zeigte Tanriverdi et al. [20], dass die Interaktion mit der Blickrichtung schneller ist als die mit dem Laserpointer. Die blick-basierte Interaktion mit den Augen besitzt aber auch einen Nachteil: Das räumliche Gedächtnis mit der Blickrichtung war niedriger als mit dem regulären Laserpointer [20].

Feedback kann die Effektivität bei Interaktionen in VR erhöhen [15]. Außerdem kann sich dieses positiv auf das Präsenzgefühl auswirken, da in der Realität jede Interaktion haptisches Feedback liefert - es entspricht den Erwartungen des Nutzers, dass eine Aktion eine Reaktion auslöst. In VR wird besonders visuelles Feedback benutzt. Visuelles Feedback (z.B. Highlighting) kann helfen, ist aber keine optimale Lösung, da Menschen nur eine begrenzte Menge an visuellen Informationen gleichzeitig aufnehmen können [9]. Daher ist es empfehlenswert, das Feedback auf andere Kanäle auszulagern, da in VR die Kapazität des visuellen Kanals bereits besetzt wird. Das Feedback kann beispielsweise durch Audiosignale oder durch den Tastsinn übertragen werden.

Insgesamt hängt es vom Kontext ab, welche Interaktionsmethode am geeignetsten und effektivsten ist. Außerdem schließen sich diese Interaktionen nicht untereinander aus: In der Praxis findet man oft die Kombination einzelner Methoden. Wichtig ist, dass Strategien den Nutzer in seiner Erfahrung nicht einschränken, sondern dazu verleiten, die virtuelle Welt zu entdecken.

3 Bewegung in VR

Der Bereich, in dem sich der Nutzer in der Realität befindet (Playspace genannt), besitzt eine feste Größe, während eine virtuelle Welt theoretisch unendlich groß sein kann. Besteht eine Möglichkeit, sich effektiv in einer virtuellen Welt zu bewegen, ohne an die Grenzen der echten Welt zu geraten? Dieser Abschnitt wird einige Lösungen zu diesem Problem vorstellen. Es lässt sich zwischen zwei Arten von Lösungen unterscheiden: indirekte und direkte Konzepte.

3.1 Indirekte Konzepte

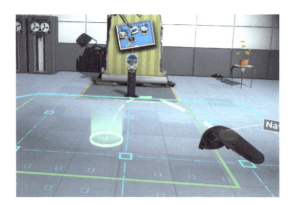

Abbildung 9 Beispiel für eine Teleportation. Der grüne Kreis zeigt die Position an, zu der sich der Nutzer teleportieren möchte.
Quelle: Bildschirmaufnahme von The Lab (Valve)

Indirekte Konzepte gehen das Problem des Platzmangels in der Realität aus dem Weg und versuchen, durch andere Strategien eine uneingeschränkte Fortbewegung in VR zu ermöglichen.

Ein einfaches Beispiel für ein indirektes Konzept ist die Fortbewegung durch Kontrollereingaben wie mit einem Joystick oder Richtungstasten. Das Tracking des physischen Körpers des Nutzers wird nicht in VR übertragen. Die Bewegung wird lediglich mit dem Kontroller gesteuert.

Eine weitere Strategie ist die Fortbewegung durch Teleportation. Der Nutzer zeigt die Position an, zu der er sich teleportieren möchte (siehe Abbildung 9). Dadurch lassen sich Orte erreichen, ohne an die Grenzen der echten Welt zu stoßen. Die Bewegung durch Körpertracking ist mit dieser Methode kombinierbar.

3.2 Direkte Konzepte

Direkte Konzepte versuchen, das Problem des Platzmangels in der Realität direkt zu lösen. Dazu gibt es mehrere hardwarebasierte Lösungen wie z.B. Schuhe, die den Nutzer nach jeder Bewegung wieder ins Zentrum des Raumes setzen [5].

Ein weiterer Ansatz ist die VirtuSphere [11], die einen Nutzer in eine Art Hamsterkugel platziert. In diesem Ball kann sich der Nutzer in alle Richtungen in beliebigen Geschwindigkeiten fortbewegen (siehe Abbildung 10). Richtungsänderungen sind nur begrenzt möglich, da die Kugel träge ist.

Abbildung 10 Ein Soldat in einer VirtuSphere. Bewegungen in alle Richtungen sind ausführbar [3].

Zudem existieren omnidirektionale Laufbänder, die Bewegungen in alle Richtungen erlauben. CyberWalk [18] ist ein Beispiel dieser Strategie (siehe Abbildung 11). Wenn ein Nutzer sich bewegt, passt sich das Laufband so an, sodass der Nutzer stets zentriert steht. Dadurch bleibt der Nutzer immer auf dem Laufband, während er sich in VR fortbewegt. Es existieren auch wesentlich kleinere Laufbänder wie das Omni [13] oder der Virtualizer [23]. Diese erlauben den Nutzer ebenfalls eine Bewegungsfreiheit in alle Richtungen.

Abbildung 11 CyberWalk, ein Laufband mit omnidirektionaler Bewegungsfreiheit [18].

3.3 Fazit

Die Bewegung durch indirekte Konzepte wie die Teleportation ist einfach und ohne zusätzliche Hardware funktionell. Dennoch sind diese im Bereich der subjektiven Präsenz, den direkten Konzepten unterlegen: So zeigten Usoh et al., dass die Bewegung durch Teleportation eine signifikante negative Auswirkung auf die subjektive Präsenz hatte, im Vergleich zur natürlichen Fortbewegung [22]. Um somit die Stärke von HMDs zu wahren, sollte man auf direkte Konzepte zurückgreifen. Souman et al. zeigten beispielsweise, dass CyberWalk der normalen Fortbewegung in der echten Welt sehr nahe kommt [18]. Momentan sind diese aber nur mit zusätzlicher, teuren Hardware möglich. Die Portabilität dieser Geräte ist ebenfalls ein entscheidender Nachteil für den ordinären Konsumenten. In Zukunft kann erwartet werden, dass diese Laufbänder weiterentwickelt und somit eventuell kleiner und preiswerter werden. Die Omni und der Virtualizer sind bereits Laufbänder, die versuchen, dies umzusetzen. Jedoch sind diese zum Thema Präsenz und Usability noch nicht wissenschaftlich validiert worden.

4 Interaktion mit der Realität

Während man ein HMD trägt, ist es nicht möglich die Außenwelt zu sehen. Wie können simple Aufgaben, wie das Aufnehmen eines Glas Wassers, bewältigt werden? Wenn die Brille abgesetzt wird, wird das subjektive Präsenzgefühl unterbrochen [10]. Nutzer sind zudem der Meinung, dass das Absetzen der

Brille frustrierend ist [10]. Dieser Abschnitt beschäftigt sich mit der Frage, wie man Menschen in VR und echte Gegenstände, insbesondere für die Texteingabe, in VR einblenden oder funktional ersetzen kann, sodass Nutzer eine nahtlose VR Erfahrung erleben können.

4.1 Realität in VR durch Chroma Keying

McGill et al. [10] benutzen einen Greenscreen Ansatz um physische Objekte oder Personen innerhalb der Szene anzuzeigen. Dazu werden diese in Echtzeit aufgenommen (beispielsweise durch eine Kamera, die an dem HMD befestigt ist) und anschließend in das Bild des Nutzers eingeblendet (siehe Abbildung 12). Dadurch sehen Nutzer reale Elemente, während sie sich in der virtuellen Umgebung befinden. Hier wurde festgestellt, dass das gezielte Einblenden von Objekten und Personen sich besser auf das subjektive Präsenzgefühl auswirkt, als große Teile der Realität einzublenden. Zudem ließ sich eine signifikant höhere Tippleistung mit einer sichtbaren Tastatur messen als ohne.[10]

■ **Abbildung 12** Diese Grafik zeigt drei Strategien, um echte Objekte in VR einzublenden. Im linken Beispiel werden Objekte um die Hand des Nutzers angezeigt, während im mittleren alle Objekte eingeblendet werden. Im letzten Beispiel werden ganze Teile der Realität angezeigt [10].

Außerdem spielt das Timing der Anzeige eine wichtige Rolle. Ein permanentes Einblenden von Objekten ist kritisch. Sie können zum einen ablenken, zum anderen auch wichtige Informationen verdecken. Dies wurde auch in einer Studie von McGill et al. festgestellt: Nutzer wünschten sich die Option, Objekte ein- und auszublenden, während sie Videos in VR betrachtet haben. In einer anderen Studie testeten McGill et al. zwei Ansätze, um Objekte ein- und auszublenden. Der erste Ansatz benötigt eine direkte Aktion des Nutzers: Durch die Betätigung eines Knopfes wurde das Objekt ein- oder ausgeblendet. Dies wurde mit dem zweiten Ansatz verglichen, bei dem Objekte abhängig vom Nutzerinteresse ein- oder ausgeblendet wurden. Es wurden nur Objekte in der Nähe der Hand des Nutzers eingeblendet, andere waren nicht sichtbar. Das Ergebnis der Studie zeigt, dass das Anzeigen abhängig vom Nutzerinteresse hilfreich ist, ohne die Präsenz und Immersion negativ zu beeinflussen. Beim

Knopfdruck wurde die gleiche Beobachtung gemacht, wobei Nutzer jedoch die andere Methode bevorzugten.[10]

Ein weiterer Punkt sind dynamische Objekte, die keine feste Position besitzen. Diese Objekte können beispielsweise andere Mitmenschen im Playspace sein. Das Einblenden dieser Personen gestaltet sich als kompliziert: Der Nutzer sieht Außenstehende nicht und kann somit auch kein Interesse zeigen. Um dieses Problem anzugehen, differenzieren McGill et al. zwei Zustände zur Visualisierung von Mitmenschen: ein niedriges Nutzerinteresse und ein hohes Nutzerinteresse. Im niedrigen Zustand werden Mitmenschen im Sichtfeld nur transparent dargestellt und sobald der Nutzer mit diesen interagieren möchte, werden diese opak (siehe Abbildung 13). Dieser Ansatz erwies sich als hilfreich, um auf die Anwesenheit anderer Menschen hinzuweisen. Jedoch wurde die transparente Anzeige als zu störend empfunden. Nutzer wiesen auf Textbenachrichtungen als Alternative hin, ähnlich wie auf dem Smartphone.[10]

Der Chroma Key Ansatz von McGill et al. zeigt vielversprechende Ergebnisse: Das gezielte Einblenden der Außenwelt ist hilfreich, um mit dieser zu interagieren. Das Präsenzgefühl wird dabei nicht negativ beeinflusst. Jedoch ist dieser Ansatz für ordinäre Konsumenten nicht implementierbar, da beispielsweise Greenscreens nicht Bestandteil jedes Haushalts sind. Somit ist das gezielte Einbinden von Gegenständen nicht selbstverständlich.

4.2 Tastaturen in VR

Tastaturen sind ubiquitär: Heutzutage findet man fast überall Tastaturen. Deswegen stellt sich die Frage, wie man diese auch in VR verwenden kann. Ein möglicher Weg ist das direkte Einblenden einer echten Tastatur in VR (wie im

Abbildung 14 Der Prototyp einer virtuellen Tastatur von Walker et al. [24]. Sie zeigt die zuletzt betätigten Knöpfe an und korrigiert Schreibfehler in Echtzeit.

vorherigen Abschnitt beschrieben). Nach McGill et al.'s Studie führt dies zu einer ähnlichen Leistung wie die Benutzung einer Tastatur in der Realität [10]. McGill et al. begründen dies durch das physische, sowie visuelle Feedback, dass durch die Benutzung der eingeblendeten Tastatur entsteht [10]. Dieser Ansatz benötigt jedoch eine spezielle Umgebung und ist somit für den ordniären Benutzer nicht verwendbar. Was wäre, wenn die Tastatur nicht eingeblendet wird, sondern durch ein virtuelles Interface ersetzt werden würde? Walker et al. [24] entwickelten dazu eine virtuelle Tastatur in VR (siehe Abbildung 14). Die Repräsentation der Tastatur zeigt die zuletzt betätigten Knöpfe an. Zusätzlich wurde parallel eine Textkorrektur ausgeführt. Walker et al. führten eine Studie mit diesen Prototypen durch und machten eine interessante Beobachtung. Sie stellten fest, dass ihre Textkorrektur die Fehlerrate signifikant senkte, ohne die Leistung zu beeinflussen. Die Wörter pro Minute (WPM), wobei ein Wort als fünf Zeichen inklusive Leerzeichen definiert ist, betrugen im Durchschnitt 43,7 [24]. Im Vergleich betrug die durchschnittliche WPM mit normalen Tastaturen 58,9 in McGill et al.'s Studie [10].

4.3 Virtuelles Notizbuch

Eine weitere Art, Text in VR einzugeben, ist über ein drucksensitives Tablet von Poupyrev et al. [15]. Auf diesem Tablet kann mit einem Stift gezeichnet werden, während in VR eine visuelle Repräsentation des Tablets angezeigt wird (siehe Abbildung 15). Die gezeichneten Linien werden getrackt und parallel in die virtuelle Welt übertragen. Die fertigen Notizen können in diesen Prototypen dann an festen Positionen im virtuellen Raum abgelegt werden. Informationen

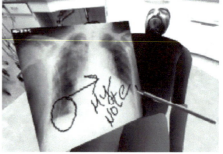

■ **Abbildung 15** Ansicht des VR Notepads [15] aus der echten Welt und in VR. Der Nutzer kann auf einem Tablet mit einem Stift zeichnen. Gemalte Linien werden mit dem virtuellen Notizbuch synchronisiert.

können mit ihrem Ort verknüpft werden. Zusätzlich ist durch dieses Verfahren die Eingabe nicht auf Text beschränkt. So implementierten Poupyrev et al. eine Gestensteuerung für das Tablet. Durch Zeichengesten war es beispielsweise möglich, neue Seiten anzulegen oder sich durch alte Seiten zu navigieren.

4.4 Zusammenfassung

Das Einblenden oder Ersetzen durch visuelle Repräsentationen von realen Objekten in VR bleibt eine offene und wichtige Frage. Um eine möglichst natürliche und effektive Lösung zu finden, benötigt man realitätsnahes Feedback. Hier ist es besonders wichtig, dass eine Aktion in der echten Welt mit einer Reaktion in VR gekoppelt ist, oder kurz: Interaktion muss mit der Wahrnehmung übereinstimmen. Am Beispiel der Tastaturen kann man diese Beobachtung bestätigen. Lösungen, die Feedback auf die Aktion eines Nutzers ausgeben, sind benutzerfreundlicher und erhalten das Präsenzgefühl.

Da VR erst seit einigen Jahren auf hohe Popularität stößt, ist der Gebrauch von Texteingaben noch kein konkretes Problem. Mit dem rapiden Wachstum wird sich das aber in Zukunft ändern, da neue Anwendungsgebiete wie VR Shopping [16] oder VR Web Surfing [12] eine Texteingabe benötigen.

5 Schlusswort und Ausblick

Die in diesem Artikel vorgestellten Interaktionsmethoden sind nur ein kleiner Teil aller existierenden Konzepte. In der Praxis gibt es für die Interaktionen in VR noch keinen offensichtlichen Standard und somit auch keine Methode, die man als „besser" bezeichnen kann. Bei dem Design von neuen Interaktionen oder der Verbesserung von alten Interaktionen in VR sollte aber eines im Vordergrund stehen: Die Interaktion muss das subjektive Präsenzgefühl erhalten oder unterstützen und gleichzeitig noch effizient sein. Es ist beispielsweise nicht zu empfehlen, eine virtuelle Hand zu benutzen um Objekte in der Ferne zu selektieren, obwohl diese in anderen Kontexten als präsenzinduzierend bewertet wird. Eine weitere Herausforderung ist der Unterschied zwischen den einzelnen Nutzern und ihrem subjektiven Präsenzgefühl. Jeder Nutzer besitzt andere, individuelle Erwartungen an die Interaktion in einer virtuellen Welt. Aus diesem Grund wird eine allgemeine Modalität benötigt, die diese Eigenschaften erfüllt.

Der Bereich VR ist ein rapid wachsender Forschungsbereich und Technologiesektor. Deswegen ist zu erwarten, dass vorhandene Interaktionen verbessert werden und neue Arten der Interaktion entdeckt werden. Betrachtet man beispielsweise die Entwicklung vom Handy zum Smartphone, wird ersichtlich, dass die traditionelle Eingabe über Nummernblöcke nicht mehr als solche bei Smartphones vorhanden ist. Heutzutage werden berührungsempfindliches Display benutzt, die komplett neue Interaktionsmöglichkeiten bieten. In Zukunft ist diese Art von Entwicklung unumgänglich, um das volle Potential von VR zu nutzen.

───── **Literatur** ───

1   Ferran Argelaguet and Carlos Andujar. A survey of 3d object selection techniques for virtual environments. *Computers & Graphics*, 37(3):121–136, 2013.

2   Doug A Bowman and Larry F Hodges. An evaluation of techniques for grabbing and manipulating remote objects in immersive virtual environments. In *Proceedings of the 1997 symposium on Interactive 3D graphics*, pages 35–ff. ACM, 1997.

3   Roger J Chapman, MAJ Lou Nemec, and COL James Ness. The evaluation of a tactile display for dismounted soldiers in a virtusphere environment. In *Proceedings of the Human Factors and Ergonomics Society Annual Meeting*, volume 57, pages 2081–2085. SAGE Publications Sage CA: Los Angeles, CA, 2013.

4   Virtual reality headsets expected to drive near-term growth, but augmented reality headsets are forecast to gain momentum by 2020, according to idc. https://www.idc.com/getdoc.jsp?containerId=prUS43105017. Accessed: 2017-25-12.

5   Hiroo Iwata, Hiroaki Yano, and Hiroshi Tomioka. Powered shoes. In *ACM SIGGRAPH 2006 Emerging technologies*, page 28. ACM, 2006.

6   Leap motion. https://www.leapmotion.com/. Accessed: 2017-25-12.

7   Eli Mahfoud and Aidong Lu. Gaze-directed immersive visualization of scientific ensembles. In *Proceedings of the 2016 ACM Companion on Interactive Surfaces and Spaces*, pages 77–82. ACM, 2016.

8   Päivi Majaranta, Ulla-Kaija Ahola, and Oleg Špakov. Fast gaze typing with an adjustable dwell time. In *Proceedings of the SIGCHI Conference on Human Factors in Computing Systems*, pages 357–360. ACM, 2009.

9   Richard E Mayer and Roxana Moreno. Nine ways to reduce cognitive load in multimedia learning. *Educational psychologist*, 38(1):43–52, 2003.

10 Mark McGill, Daniel Boland, Roderick Murray-Smith, and Stephen Brewster. A dose of reality: Overcoming usability challenges in vr head-mounted displays. In *Proceedings of the 33rd Annual ACM Conference on Human Factors in Computing Systems*, pages 2143–2152. ACM, 2015.

11 Eliana Medina, Ruth Fruland, and Suzanne Weghorst. Virtusphere: Walking in a human size vr "hamster ball". In *Proceedings of the Human Factors and Ergonomics Society Annual Meeting*, volume 52, pages 2102–2106. SAGE Publications Sage CA: Los Angeles, CA, 2008.

12 Mozilla vr. `https://mozvr.com/`. Accessed: 2018-08-02.

13 The omnidirectional treadmill. `http://www.virtuix.com/`. Accessed: 2018-01-02.

14 Jeffrey S Pierce, Andrew S Forsberg, Matthew J Conway, Seung Hong, Robert C Zeleznik, and Mark R Mine. Image plane interaction techniques in 3d immersive environments. In *Proceedings of the 1997 symposium on Interactive 3D graphics*, pages 39–ff. ACM, 1997.

15 Ivan Poupyrev, Numada Tomokazu, and Suzanne Weghorst. Virtual notepad: handwriting in immersive vr. In *Virtual Reality Annual International Symposium, 1998. Proceedings., IEEE 1998*, pages 126–132. IEEE, 1998.

16 Saturn wird vorreiter beim virtual-reality-shopping. `https://www.channelpartner.de/a/saturn-wird-vorreiter-beim-virtual-reality-shopping,3332869`. Accessed: 2018-08-02.

17 Mel Slater. A note on presence terminology. *Presence connect*, 3(3):1–5, 2003.

18 Jan L Souman, P Robuffo Giordano, Martin Schwaiger, Ilja Frissen, Thomas Thümmel, Heinz Ulbrich, A De Luca, Heinrich H Bülthoff, and Marc O Ernst. Cyberwalk: Enabling unconstrained omnidirectional walking through virtual environments. *ACM Transactions on Applied Perception (TAP)*, 8(4):25, 2011.

19 Richard Stoakley, Matthew J Conway, and Randy Pausch. Virtual reality on a wim: interactive worlds in miniature. In *Proceedings of the SIGCHI conference on Human factors in computing systems*, pages 265–272. ACM Press/Addison-Wesley Publishing Co., 1995.

20 Vildan Tanriverdi and Robert JK Jacob. Interacting with eye movements in virtual environments. In *Proceedings of the SIGCHI conference on Human Factors in Computing Systems*, pages 265–272. ACM, 2000.

21 tobii eyetracker. `https://www.tobii.com/tech/products/vr/`. Accessed: 2017-25-12.

22   Martin Usoh, Kevin Arthur, Mary C Whitton, Rui Bastos, Anthony Steed, Mel Slater, and Frederick P Brooks Jr. Walking> walking-in-place> flying, in virtual environments. In *Proceedings of the 26th annual conference on Computer graphics and interactive techniques*, pages 359–364. ACM Press/Addison-Wesley Publishing Co., 1999.

23   The virtualizer. `https://www.cyberith.com/`. Accessed: 2018-01-02.

24   James Walker, Bochao Li, Keith Vertanen, and Scott Kuhl. Efficient typing on a visually occluded physical keyboard. In *Proceedings of the 2017 CHI Conference on Human Factors in Computing Systems*, pages 5457–5461. ACM, 2017.

Ein neuer Sinn für VR: Herausforderungen und Lösungsansätze haptischer Interaktion

Sarah Muser

Ludwig-Maximilians-Universität München, München, Deutschland
Sarah.Muser@campus.lmu.de

Zusammenfassung

Für ein gelungenes VR-Erlebnis ist ein hoher Grad an Immersion wichtig. Durch den Einbezug mehrerer Sinne wird der Immersionsgrad gesteigert. Das Einbinden von Haptik in VR stellt einige Herausforderungen dar, da der Tastsinn nicht wie der Seh-, oder Hörsinn an einer Stelle des Körpers konzentriert ist. Um diese Herausforderungen zu überwinden, gibt es verschiedene Ansätze. Viele dieser Konzepte beinhalten Technologien, die der Nutzer am Körper trägt, wie Controller, Handschuhe, Anzüge oder Pads zur elektrischen Muskelstimulation. Andere werden in der Umgebung des Nutzers positioniert. Hierzu gehören eine halbkugelförmige Wand, Drohnen, die den Nutzer umkreisen und kleine Geräte, die Luftwirbelringe ausstoßen. An sich ist es für die Immersion zuträglich, wenn die Technologien für haptisches Feedback nicht am Körper getragen werden müssen. Handschuhe, Anzüge, etc. werden allerdings schon deutlich länger erforscht und sind somit ausgereifter. Daher ist es wahrscheinlich, dass diese Technologien zuerst in der breiten Masse Anklang finden, ehe sie eventuell in Zukunft von Technik ersetzt werden, die im Raum platziert wird.

1998 ACM Subject Classification H.5.1 Artificial, augmented, and virtual realities

Keywords and phrases Haptische Interaktion, Haptisches Feedback, VR, Virtual Reality

1 Einleitung

> A "virtual reality" is defined as a real or simulated environment in which a perceiver experiences telepresence. [16]

Diese kurze, prägnante Definition des Begriffes „Virtual Reality" bzw. „Virtuelle Realität" entwickelte Jonathan Steuer 1992. Bisherige Definitionen, wie von Coates (1992), Greenbaum (1992) oder Krueger (1991), waren an Technologien geknüpft, mit denen virtuelle Umgebungen erzeugt werden konnten, wie

Cite as: Sarah Muser. Ein neuer Sinn für VR: Herausforderungen und Lösungsansätze haptischer Interaktion. In *1st Seminar on Ubiquitous Interaction (UBIACTION 2018-1)*. Editors: Matthias Hoppe, Jakob Karolus, Thomas Kosch, Pascal Knierim, Albrecht Schmidt. January 25, 2018. Munich, Germany. pp. 7:1–7:14.

etwa Bildschirmen, VR-Brillen oder Handschuhe. Steuer kritisiert, dass solche Definitionen nicht allgemeingültig und zeitübergreifend sein können, da die Definitionen an die genannten Technologien gebunden seien, diese sich aber im Laufe der Zeit ändern.

Eine andere ältere Definition, die auch auf heutige Systeme noch zutrifft, stammt von Cruz-Neira:

> „Virtual Reality (VR) refers to immersive, interactive, multi-sensory, viewer-centered, three-dimensional computer generated environments and the combination of technologies required to build these environments."[6]

1.1   Immersion und Präsenz

Bei Erlebnissen in Virtual Reality wird angestrebt einen möglichst hohen Grad an Immersion und Präsenz zu erzielen. Immersion beschreibt wie real ein Szenario durch die technischen Gegebenheiten dargestellt werden kann. Auch bei Filmen oder PC-Spielen am Desktop besteht bereits eine gewisse Immersion. Mit besserer technischer Ausstattung, wie einer höheren Bildschirmauflösung, steigt der Immersionsgrad an. Auch bei VR ist dies der Fall, da das Erleben der virtuellen Umgebung stärker an die menschliche, natürliche Erkundung der Umwelt angepasst ist. Mit einer VR-Brille ändert sich das Blickfeld bei einer Kopfdrehung, wie im realen Leben auch. Bei einem klassischen Computerspiel nutzt man hierzu die Maus, Tastatur, Controller o.ä.. Wie hoch der Immersionsgrad eines Systems ist, kann objektiv beurteilt werden. Präsenz hingegen ist eine subjektive Wahrnehmung. Sie beschreibt wie stark das Gefühl beim Nutzer vorherrscht, wirklich an dem Ort, bzw. im Geschehen der virtuellen Umgebung zu sein. Das Präsenzgefühl kann bei gleichem technischem Aufbau, also auch bei gleicher Immersion, von Nutzer zu Nutzer variieren. Dabei führt ein höherer Immersiongrad aber üblicherweise auch zu einer höheren Präsenz. [14]

Ein hoher Immersionsgrad bringt einige Vorteile mit sich. VR-Erlebnisse bieten verschiedene Möglichkeiten, wie beispielsweise eine kontrollierbare und günstige Therapiemöglichkeit von Phobien, effektive Trainingsmethoden wie im Medizin- und Militärbereich und neuartige Konzepte im Gaming-Bereich. [3]

Um eine virtuelle Umgebung zu erzeugen, kann entweder eine VR-Brille verwendet werden oder die virtuelle Umgebung wird auf die Wände einer sogenannten CAVE [7] projiziert. Da hier das Blickfeld des Nutzers durch keine VR-Brille eingeschränkt ist, kann er seine eigenen Hände sehen. Für die Realisierung haptischer Interaktion müssen daher für eine CAVE und VR-Brillen unterschiedliche Konzepte entwickelt werden. In dieser Arbeit werden lediglich die Konzepte für haptische Interaktion bei Nutzung von VR-Brillen betrachtet.

Wie der Definition von Cruz-Neira zu entnehmen ist („multi-sensory", s. 1 Einleitung), werden in VR mehrere Sinne des Menschen angesprochen. Durch das Einbinden weiterer menschlicher Sinne steigt der Immersionsgrad an, da die virtuelle Welt dadurch realer wirkt. Der Seh- und Hörsinn sind mittlerweile in heutiger VR-Technik weitestgehend implementiert. Der nächste Schritt ist die Umsetzung des Fühlens in VR. Hierzu gehört mehr als nur lediglich der „Tastsinn".

1.2 Haptik und Tastsinn - Begriffsklärung

Für das körperliche Empfinden ist das somatosensorische (= die Körperwahrnehmung betreffend) System verantwortlich [1]. Zu diesem System zählen der taktile Sinn (der eigentliche „Tastsinn "), die Propriozeption und die Kinästhesie (s. Kapitel 13.1 [9]).

Als Propriozeption wird das Verständnis des Menschen dafür bezeichnet, wo sich sein Körper befindet und wie die Körperteile relativ zueinander ausgerichtet sind.

Kinästhesie beschreibt die Wahrnehmung der Bewegung von Körperteilen, also mit welcher Geschwindigkeit, Beschleunigung und Kraft diese bewegt werden[2].

Durch den taktilen Sinn kann der Mensch die Beschaffenheit seiner Umgebung erforschen. Die Rezeptoren hierfür befinden sich in der Haut des gesamten Körpers, besonders viele in den Fingerspitzen.

Von Force Feedback (im Deutschen auch Kraftrückkopplung genannt) spricht man, wenn technische Implementierungen ein Feedback über eine Krafteinwirkung geben. Für ein realistischeres Spielgefühl erzeugen Konsolenlenkräder oder Joysticks häufig einen künstlichen Widerstand um physikalische Kräfte zu simulieren. In VR kann ein Nutzer durch Force Feedback das Gewicht und den Widerstand von Objekten empfinden[3].

Die Wahrnehmung durch aktives Erkunden der Umgebung mit den Händen und dem „Fühlen, dass sich dort etwas befindet" wird haptisches Feedback genannt.

Da dieser Begriff sowohl für diese spezielle Beschreibung verwendet wird, als auch als Verallgemeinerung und Überbegriff für haptisches, taktiles, Force Feedback, etc., wird die speziellere Bedeutung im Folgenden „greifbares Feedback" genannt.

---

[1] http://flexikon.doccheck.com/de/Somatosensorisch
[2] http://lexikon.stangl.eu/529/kinaesthesie/
[3] http://www.bergt.de/lexikon/lex/fl.php

2   Herausforderungen bei der Umsetzung von haptischem Feedback

Das Problem der Umsetzung von haptischem Feedback in VR ist offensichtlich: Wie kann dem Nutzer das Gefühl an den Händen oder am Körper vermittelt werden, dass er etwas berührt, das in Wirklichkeit aber nicht vorhanden ist? Beim Seh- und Hörsinn ist dies vergleichsweise einfach. Der Nutzer hat einen Bildschirm mit dem virtuellen Bild vor Augen, das im (utopischen) besten Fall die gleiche Auflösung besitzt wie die reale Welt und das gesamte Blickfeld des Nutzers abdeckt. Für den Hörsinn werden dem Nutzer Töne über Kopfhörer oder andere Lautsprecher zugespielt. Für eine realistischere Wirkung kommen Töne aus scheinbar verschiedenen Richtungen und Entfernungen.

Haptisches Feedback zu ermöglichen ist deutlich komplexer, da der Sinn hierfür nicht an einer Stelle des menschlichen Körpers konzentriert ist, wie das etwa bei den Augen, den Ohren oder der Nase der Fall ist. Ein komplettes haptisches Feedback würde sich aus taktilem, greifbarem und Force Feedback zusammensetzen. Es reicht also nicht aus die Haut anzusteuern, auch die Muskeln müssen in Betracht gezogen werden.

Um greifbares, taktiles bzw. Force Feedback zu realisieren, herrschen unterschiedliche Voraussetzungen. Daher implementieren die meisten bisherigen Prototypen nur bestimmte Feedback-Eigenschaften und nicht alle bzw. zumindest nicht in voller Gänze. Um also das „gesamte" haptische Feedback zu erhalten, müssten verschiedene Technologien miteinander kombiniert bzw. gemeinsam genutzt werden.

3   Lösungsansätze

Um die aufgezeigten Probleme der Integration von haptischer Interaktion in virtuelle Umgebungen zu bewältigen, wird schon seit den 50er Jahren, verstärkt seit den 90ern, an geeigneten haptischen Schnittstellen geforscht [4]. Dabei wurden verschiedenste Prototypen entwickelt und Forschungen angestellt, die uns zum heutigen Stand der Technik führten.

Im Folgenden werden einige aktuelle Prototypen vorgestellt, die mit unterschiedlichen Herangehensweisen versuchen eine haptische Interaktion zu ermöglichen. Einige dieser Konzepte wurden speziell für den VR-Bereich entwickelt, andere für anderweitige Anwendungszwecke, sind aber dennoch interessant, da sie in den VR-Bereich übersetzt werden könnten.

Die vorgestellten Konzepte werden im Folgenden in Technologien aufgeteilt, die am Körper getragen und solche die in der Umgebung platziert werden.

■ **Abbildung 1** Reactive Grip Controller mit Darstellung verschiedener Sliderbewegungen. Bild übernommen aus [12].

3.1 Am Körper tragbare Technologien für haptisches Feedback

Controller und andere Handhelds:

Gerade im Spielekonsolen-Bereich und auch im VR-Gaming sind Controller nach wie vor zur Steuerung das Mittel der Wahl. Daher gibt es Bestrebungen, haptisches Feedback direkt am Controller zu ermöglichen. Ein Beispiel ist der „Reactive Grip" Controller [12]. An der Stelle, an der die Hand des Nutzers den Controllers umgreift, sind drei bewegliche Slider positioniert (s. Abb. 1). Durch gleichzeitige Bewegung der Slider kann ein Art Force Feedback simuliert werden. Die Slider können auch unabhängig voneinander bewegt werden, so lässt sich ein Drehmoment simulieren, indem die Slider in entgegengesetzte Richtungen gleiten.

Handschuhe

: Ein klassischer Ansatz um haptisches Feedback zu ermöglichen sind Handschuhe. Diese bieten meist nur taktiles bzw. greifbares Feedback. Um zusätzlich Force Feedback an der Hand zu schaffen, werden taktile Handschuhe häufig mit Exoskeletten verknüpft. Ein Beispiel hierfür ist der „HaptX Glove" der Firma HaptX (zuvor AxonVR), der sich aktuell in der Prototyp-Phase befindet. Im Handschuh sind Pneumatikaktuatoren verbaut, die gegen die Haut des Nutzers drücken. Nach Angaben von HaptX bietet dieser Handschuh, nach eigenen Angaben, das bisher präziseste taktile Feedback und kann durch das Exoskelett bis zu fünf Pfund, also ca. 2,25kg, an Force Feedback pro Finger aufbringen[4]. Das nächste Ziel von HaptX ist es den Handschuh schlanker, kleiner und praktikabler zu gestalten [8].

---

[4] https://www.youtube.com/watch?v=2C2_kbjtjRU

Anzüge:

Für haptisches Feedback am gesamten Körper gibt es verschiedene Unternehmen, die dies in Form von Anzügen verwirklichen wollen. Die meisten dieser Anzüge wurden in erster Linie für Gaming in VR konzipiert. Der wohl bekannteste Anzug ist der Teslasuit[5], der sich aktuell noch in der Entwicklung befindet. Der Anzug soll über 46 Punkte besitzen, über die haptisches Feedback (vermutlich durch Vibration) erteilt wird. Außerdem soll der Teslasuit Temperaturen zwischen 20 und 40 Grad Celsius produzieren und Gewicht durch Muskelkontraktion simulieren können [11].

Die Weste „Hardlight Suit" der Firma NullSpaceVR ist ähnlich konzipiert. Sie besitzt über 16 Zonen, die haptisches Feedback in Form von Vibrationen vermittelt[6].

Auch das Unternehmen HaptX hat die Vision, die Technologie ihrer „HaptX Gloves" in Zukunft in Anzüge einzubauen und mit einem Exoskelett für den ganzen Körper zu verbinden[7] [8].

Anzüge sind eine Ergänzung zu Handschuhen um haptisches Feedback am gesamten Körper zu ermöglichen. Wie auch bei den Handschuhen, ist hier natürlich ein Nachteil, dass sie bei jeder Nutzung an- und ausgezogen werden müssen. Dieser Prozess geht bei einer Weste schneller als bei einem Anzug, allerdings bietet sie nur am Oberkörper haptisches Feedback. Weiterer Arbeitsaufwand entsteht dadurch, dass Anzüge gewaschen werden müssen, erst Recht, wenn der Körper durch eine Klimakontrolle noch zusätzlich zum Schwitzen gebracht wird.

Elektrische Muskelstimulation (EMS):

Am Hasso Plattner Institut in Potsdam wurde „Impacto" entwickelt, ein Gerät, dass die Muskeln des Nutzers elektrisch stimuliert, um Force Feedback zu simulieren [10]. Außerdem ist in Impacto ein Solenoid verbaut, der dem Nutzer durch Berühren der Haut taktiles Feedback bietet. Impacto wird am Körper des Nutzers angebracht. Dafür werden die stimulierenden Pads an bestimmten Stellen auf der Haut angebracht. Zusätzlich trägt der Nutzer eine Art Bandage, in der die Technik untergebracht ist. Hiermit kann z.B. haptisches Feedback für eine Box-Simulation geboten werden. Die Nutzer der Studie berichten, dass sich dieses Ansteuern der Muskeln wie Force Feedback anfühlt. Bei einem Schlag gegen den gegnerischen VR-Avatar wird an den Bizeps des Nutzers ein Impuls gesendet, sodass dieser den Arm nicht weiter nach vorne bewegen

---

[5] https://teslasuit.io
[6] http://www.hardlightvr.com
[7] https://haptx.com/technology/

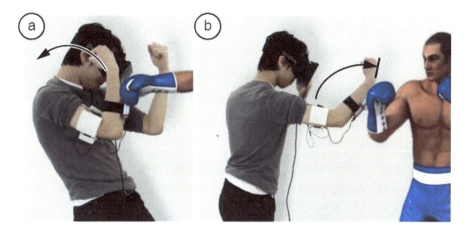

Abbildung 2 Boxsimulation mit Impacto: EMS Pads sind am Oberarm des Nutzers angebracht, der Solenoid an seinem Unterarm. Bild übernommen aus [10].

kann und so ein Aufprall simuliert wird (s. Abb. 2b). Boxt der Avatar den Nutzer, so wird dessen Arm zurückgestoßen (s. Abb. 2a). Der Nutzer boxt hier also mit der selben Stelle des Arms, wie die, an der er auch einen Schlag des Avatars registriert. Um einen Boxschlag des Nutzers mit der Faust zu ermöglichen, wird ein zweiter Solenoid an der Hand befestigt, der ebenfalls mit den EMS-Komponenten verbunden ist.

3.2 In der Umgebung positionierte Technologien für haptisches Feedback

Halbkugelförmige Wand:

2017 veröffentlichte Microsoft ein Paper zum „Sparse Haptic Proxy", einer halbkugelförmigen Wand, bestehend aus mehreren Primitiven, die als haptisches Feedback für verschiedene Szenarien dienen soll [5]. In der vorgestellten Studie diente das Sparse Haptic Proxy als haptisches Feedback zum einen für einen Tisch mit darauf platzierten Gegenständen und zum anderen für ein Cockpit (s. Abb. 3). Das Sparse Haptic Proxy ist statisch platziert. Wenn der Nutzer in der virtuellen Umgebung einen Gegenstand berührt, berührt er in Wirklichkeit eines der Primitive des Sparse Haptic Proxy. Damit sich dieses Primitiv in der entsprechenden Entfernung befindet, wird die Handbewegung des Nutzers umgesteuert, durch eine Technik namens „Haptic Retargeting" [2]. Wenn die Position der Requisite, hier die Primitive der Wand, nicht mit der Position des zu repräsentierenden virtuellen Objekts übereinstimmt, wird die virtuelle Umgebung und der virtuelle Körper des Nutzers so gedreht, dass der Nutzer die Bewegung seiner Hand nachjustieren muss um sein virtuelles

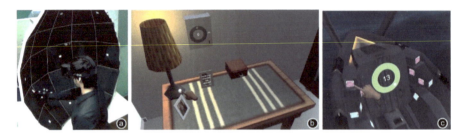

🟨 **Abbildung 3** Links: Sparse Haptic Proxy, Mitte und Rechts: Umgebungen in VR, für die das Sparse Haptic Proxy Feedback bietet. Bild übernommen aus [5].

Ziel zu treffen und damit in Wirklichkeit dann das passende Primitiv trifft. Das bedeutet, dass der virtuelle Arm des Nutzers z.B. geradeaus greift, der echt Arm aber leicht nach rechts greift.

Solange diese Manipulation einen gewissen Grad nicht überschreitet, bemerkt der Nutzer diese nicht, da sie in die Bewegungen des Nutzers eingebaut wird. Dies funktioniert, da der visuelle Sinn dominanter ist als die Propriozeption. So dachten die Nutzer der vorhergehenden Studie zum Haptic Retargeting, dass sie mit drei echten und drei entsprechenden virtuellen Würfeln interagieren würden, dabei wurden alle drei virtuellen Würfel durch nur eine einzige Würfelrequisite repräsentiert [2].

Drohnen:

Ein relativ neuer Ansatz ist es, Drohnen für haptisches Feedback in VR zu verwenden. 2017 wurde an der Universität Stuttgart eine Studie durchgeführt, bei der in einer VR-Anwendung taktiles Feedback durch Drohnen vermittelt wurde. Der Nutzer wird in der VR-Szene von einer Wespe angegriffen und ein kleiner Quadrocopter fliegt an den entsprechenden Stellen gegen den Körper des Nutzers. Damit die Rotoren ihn nicht verletzen können, befindet sich der Quadrocopter in einem Käfig, der den Nutzer beim Aufprall berührt. Am Quadrocopter können verschiedene Spitzen angebracht werden. Hiermit und durch Anpassung der Geschwindigkeit und Gewicht des Quadrocopters kann dem Nutzer unterschiedliches Feedback vermittelt werden.

Microsoft hat in 2016 ein Patent für „Tactile Autonomous Drones„, kurz „TAD", beantragt. Diese Drohne soll verschiedene Gegenstände tragen, wie z.B. eine robotische Hand oder verschiedene Oberflächen, um dem VR-Nutzer haptisches Feedback geben zu können. Über mehrere verschiedene Motion-Tracking-Sensoren erfassen die Drohnen den Standort des Nutzers und positionieren sich und die getragenen Gegenstände entsprechend, um dem Nutzer passendes haptisches Feedback zu bieten. Der Nutzer bekommt hierbei die Drohne selbst in seinem VR-Display nicht angezeigt, sondern nur die getragenen Gegenstände [13, 1].

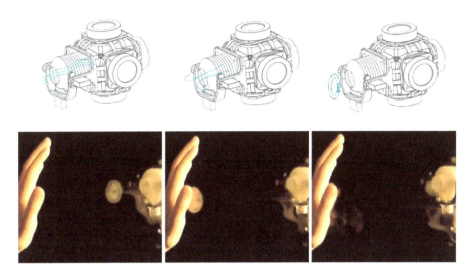

■ **Abbildung 4** AERIAL: Luftwirbelringe, die an die Haut des Nutzers geschossen werden, erzeugen taktiles Feedback. Bild übernommen aus [15].

Luftwirbelringe:

AIREAL ist eine von Disney in 2013 veröffentlichte Studie zur Verwendung von Luftwirbelringen als taktiles Feedback [15]. Die Haut des Nutzers wird hierbei durch Druckluftdruckfelder stimuliert. Ein kleines Gerät, das in etwa einem Meter Entfernung zum Nutzer positioniert wird, schießt diesem Luftringe an die Stellen, an denen taktiles Feedback gewünscht ist (s. Abb. 4). So können z.B. die Flügelschläge eines Schmetterlings, der scheinbar auf der Haut des Nutzers sitzt, simuliert werden oder mit mehreren AIREAL Geräten der Luftstrom eines Vogels, der den Nutzer umkreist. Laut Disney sind Luftwirbelringe für taktiles Feedback besser geeignet als z.B. reine Luftstrahlen, da die Ringe eine deutliche Kraft bei Kollision übertragen und außerdem über weitere Distanzen ihre Form und Geschwindigkeit beibehalten. Außerdem sollen mit dem AERIAL Gerät durch Variieren der Taktfrequenz und der Amplitude der Ringe verschiedene Texturen simuliert werden können. Diese Studie beinhaltete die Simulation von Sand, Steinen, Grass, Wasser und Metallkanten.

Im selben Jahr veröffentlichte Microsoft eine sehr ähnliche Studie namens „AirWave" ebenfalls über Luftwirbelringe als haptisches Feedback, wobei die Studie von Microsoft weniger umfangreich ausfiel, als die von Disney. Das AERIAL Gerät besitzt mit durchschnittlich 139 ms eine deutlich geringere Latenzzeit als AirWave mit 470 ms.

4   Vergleich der Ansätze

Ob ein Produkt für Nutzer einen wirklichen Mehrwert bietet und somit wahrscheinlicher Verwendung findet, hängt davon ab, ob es mehr Vor- als Nachteile bietet. Manche Nutzer werden dabei für einen großen Vorteil mehr Nachteil in Kauf nehmen, als andere. Der Vorteil der Technologien besteht darin, dass sie einem Nutzer in der ein oder anderen Weise ermöglichen haptisches Feedback zu erhalten. Das VR-Erlebnis ist somit nicht mehr nur noch auf das Sehen und Hören begrenzt. Je besser dies funktioniert, desto größer ist der Vorteil für den Nutzer. Dem entgegen stehen sämtliche Nachteile der Technologien. Alles, was den Nutzer stören könnte, ist ein Nachteil. Dazu zählen hohe Anschaffungs-, oder unter Umständen sogar Wartungskosten, der Aufwand, das Produkt aufzubauen bzw. anzubringen, der Platz, den es einnimmt und andere störende Faktoren, wie z.B. von den Technologien produzierte Geräusche.

Der große Vorteil von Controllern mit haptischem Feedback ist, dass sie günstig sind. Außerdem lassen sie sich besonders einfach in heutige bestehende Systeme einbauen, da viele Anwendungen auf Controllersteuerung ausgelegt sind und somit nicht die komplette Steuerung geändert werden müsste. Dafür verliert man durch die Nutzung eines Controllers an Natürlichkeit der Interaktion, was zulasten der Immersion geht.

Bei Handschuhen und Anzügen wird in Zukunft ein wichtiger Augenmerk darauf liegen diese so komfortabel wie möglich für Nutzer zu gestalten. Wichtig hierfür sind einfaches An- und Ausziehen, geringes Gewicht, viel Bewegungsfreiheit und eine einfache Wartung. Das bedeutet, dass im Optimalfall keine Kabel dauerhaft am Handschuh oder Anzug befestigt sind, das Material sollte angenehm zu tragen, und um übermäßiges Schwitzen zu vermeiden, sollte es atmungsaktiv sein. Da die Stoffe direkten Hautkontakt besitzen, sollte der Nutzer sie außerdem leicht reinigen können. Eine Weste ist vermutlich besser in der Handhabung als ein Ganzkörperanzug, bietet aber auch weniger Feedback.

Durch elektrische Muskelstimulation Force Feedback zu simulieren ist ein interessanter Ansatz. Force Feedback wird sonst üblicherweise häufig durch Exoskelette an den Körperteilen realisiert. Diese brauchen viel Platz und sind recht sperrig. Bei Nutzung von EMS hingegen werden nur kleine Pads an die Haut geklebt, die aber einen relativ starken Impuls geben. Da dem Körper schwache Stromstöße erteilt werden, ist diese Methode bei nicht sachgemäßer Benutzung unter Umständen nicht ungefährlich und viele Nutzer dürften deswegen von solch einem Produkt abgeschreckt werden. Im Fitnessbereich werden Trainings mit EMS zu schnellerem Muskelaufbau bereits betrieben. Diese Trainings werden allerdings immer in Anwesenheit eines geschulten Trainers durchgeführt und Menschen mit schweren Krankheiten, Herzfehlern oder Herzschrittmachern wird häufig vom Training abgeraten[8]. Daher ist es fraglich, ob haptisches Feedback durch EMS für Laien im Heimgebrauch geeignet wäre. Außerdem wirkt das haptische Feedback immer nur dort, wo entsprechende Pads angeklebt wurden. Möchte man also Feedback am gesamten Körper, ist dies zunächst mit einigem Aufwand verbunden, da alle Pads an die korrekten Stellen auf die nackte Haut geklebt werden müssen. Dabei muss auf eine korrekte Positionierung geachtet werden, was für Laien eine Herausforderung darstellen könnte. Nichtsdestotrotz könnte EMS in Zukunft bei haptischer Interaktion eine wichtige Rolle spielen. Aktuell befindet sich die Forschung noch in einer frühen Phase. Eventuell gelingt es den Forschern in Zukunft die Anwendung für Nutzer sicherer und einfacher zu gestalten.

Das Sparse Haptic Proxy braucht relativ viel Platz, ist aber günstig und bietet gutes haptisches Feedback, da dem Nutzer nicht nur vorgegaukelt wird, dass sich vor ihm etwas befindet, sondern es tatsächlich so ist. Der Aufbau, wie er in der Studie beschrieben wird, eignet sich aufgrund der Größe vermutlich weniger für den VR-Gamer im Heimbereich, könnte aber zusammen mit der Haptic-Retargeting-Methode gut in einer festen Installation für bestimmte Trainingszwecke verwendet werden.

Die Idee Drohnen für haptisches Feedback zu verwenden ist noch ziemlich neu. An sich bieten Drohnen gute Voraussetzungen, da der Nutzer zur VR-Brille nichts zusätzliches tragen muss und sich so relativ frei bewegen kann. Durch die Schnelligkeit und Wendigkeit können Mini-Quadrocopter gut als Projektile eingesetzt werden, die den Nutzer „attackieren". Mini-Quadrocopter sind heutzutage schon für unter 50€ zu kaufen[9], daher also auch sehr günstig. Ein großes Problem stellt allerdings die sehr kurze Akkulaufzeit dar. Momentan schaffen Mini-Quadrocopter nur eine Flugzeit von ca. fünf bis zehn Minuten[10], was für die meisten Anwendungen deutlich zu kurz sein dürfte. Für mehrere Feedback-Punkte gleichzeitig am Körper müssten mehrere Drohnen zum Einsatz kommen, die wiederum aufeinander abgestimmt werden müssen, um nicht miteinander zu kollidieren. Ein weiterer Nachteil ist die hohe Geräuschbelastung, die den Nutzer deutlich stören kann, und dadurch auch den Immersionsgrad absenkt.

Das letzte Konzept, das vorgestellt wurde, ist die Simulation von Feedback durch Luftwirbelringe. Die Ringe übertragen zwar nur taktiles Feedback, durch die kleine Größe und günstige Produktion der Geräte hat diese Technologie aber trotzdem das Potenzial in Zukunft verwendet zu werden. Ein Nachteil ist, dass die Geräte beim Ausstoßen eines Ringes einen Ton erzeugen. Der

---

[8] https://www.ems-training.de/magazin/article/risiko-ems-wir-klaeren-auf
[9] https://www.drohnen.de/8639/mini-quadrocopter-und-mini-drohnen/
[10] https://www.drohnen.de/8639/mini-quadrocopter-und-mini-drohnen/

Lärm hiervon dürfte aber deutlich leiser ausfallen als bei einer Drohne. Eine Schwierigkeit, die außerdem gehandhabt werden muss, ist die hohe Latenzzeit durch den Flug eines Ringes.

5 Fazit und Ausblick

Obwohl tragbare Technologien gegenüber im Raum positionierten einige Nachteile besitzen, setzen sie sich vermutlich früher auf dem Markt durch, da sie technisch ausgereifter sind. Haptische Controller, Handschuhe und Anzüge sind teilweise schon auf kommerziellen Technikmessen anzutreffen, sind also von einer Produktion für den Mainstream nicht mehr allzu weit entfernt. Es ist wahrscheinlich, dass nach und nach in Technologien immer mehr haptisches Feedback eingebaut wird. So könnten Controller wie der Reactive Grip Controller eine gute Übergangslösung darstellen, bis Handschuhe so weit entwickelt sind, dass sie für Nutzer dauerhaft mehr Vor- als Nachteile bieten. Ob diese dann letztendlich von der breiten Masse akzeptiert werden, wird sich zeigen. Konzepte wie Drohnen oder Luftwirbelringe für haptisches Feedback in VR einzusetzen, bieten spannendes Forschungsmaterial für die Zukunft um eventuell irgendwann am Körper getragene Technologien zu ersetzen oder zu unterstützen.

Und wer weiß, blickt man noch weiter in die Zukunft, klinken wir uns für unser VR-Erlebnis vielleicht in die Matrix ein.

—— **Literatur** ——————————————————————————

1 Us20160349835a1 - autonomous drones for tactile feedback in immersive virtual reality - google patents, 2016. URL: `https://patents.google.com/patent/US20160349835A1/en`.

2 Mahdi Azmandian, Mark Hancock, Hrvoje Benko, Eyal Ofek, and Andrew D. Wilson. Haptic retargeting. In Jofish Kaye, Allison Druin, Cliff Lampe, Dan Morris, and Juan Pablo Hourcade, editors, *Proceedings of the 2016 CHI Conference on Human Factors in Computing Systems - CHI '16*, pages 1968–1979, New York, New York, USA, 2016. ACM Press. `doi:10.1145/2858036.2858226`.

3 Ryan P. Bowman, Doug A. und McMahan. Virtual reality: How much immersion is enough? - ieee journals & magazine, 2007. URL: `http://ieeexplore.ieee.org.emedien.ub.uni-muenchen.de/abstract/document/4287241/`.

4 G. C. Burdea. Haptic feedback for virtual reality. 1999. *Rutgers-The State University of New Jersey: Piscataway.*

5 Lung-Pan Cheng, Eyal Ofek, Christian Holz, Hrvoje Benko, and Andrew D. Wilson. Sparse haptic proxy. In Gloria Mark, Susan Fussell, Cliff Lampe, m.c schraefel, Juan Pablo Hourcade, Caroline Appert, and Daniel Wigdor,

editors, *Proceedings of the 2017 CHI Conference on Human Factors in Computing Systems - CHI '17*, pages 3718–3728, New York, New York, USA, 2017. ACM Press. doi:10.1145/3025453.3025753.

6 Carolina Cruz-Neira. Virtual reality overview. In *SIGGRAPH*, volume 93, page 1, 1993.

7 Carolina Cruz-Neira, Daniel J. Sandin, Thomas A. DeFanti, and John C. Kenyon, Robert V. und Hart. The cave: Audio visual experience automatic virtual environment. *Communications of the ACM*, 35(6):64–72, 1992. doi: 10.1145/129888.129892.

8 Ben Lang. Hands-on: Haptx glove delivers impressively detailed micro-pneumatic haptics, force feedback, 2017. URL: https://www.roadtovr.com/haptx-vr-glove-micro-pneumatic-haptics-force-feedback-axonvr/.

9 Steven M. LaValle. *Virtual Reality*. Cambridge University Press, 2017.

10 Pedro Lopes, Alexandra Ion, and Patrick Baudisch. Impacto. In Celine Latulipe, Bjoern Hartmann, and Tovi Grossman, editors, *Proceedings of the 28th Annual ACM Symposium on User Interface Software & Technology - UIST '15*, pages 11–19, New York, New York, USA, 2015. ACM Press. doi:10.1145/2807442.2807443.

11 Jack Loughran. 5g headset coupled with full-body suit promises complete virtual immersion. *EandT Magazine*, 2017.

12 William R. Provancher. Creating greater vr immersion by emulating force feedback with ungrounded tactile feedback.

13 Vlad Shvarstman. Microsoft drones augment virtual reality, 2017. URL: http://www.uavpatents.com/microsoft-drones-augment-virtual-reality/.

14 Mel Slater. A note on presence terminology. *Presence connect*, 3(3):1–5, 2003.

15 Rajinder Sodhi, Ivan Poupyrev, Matthew Glisson, and Ali Israr. Aireal: Interactive tactile experiences in free air. *ACM Transactions on Graphics*, 32(4):1, 2013. doi:10.1145/2461912.2462007.

16 Jonathan Steuer. Defining virtual reality: Dimensions determining telepresence. *Journal of Communication*, 42(4):73–93, 1992. URL: http://onlinelibrary.wiley.com/doi/10.1111/j.1460-2466.1992.tb00812.x/pdf, doi:10.1111/j.1460-2466.1992.tb00812.x.

Designing for Fusion: Interaktion mit Information in Augmented Reality

Cara Storath

Ludwig-Maximilians-Universität München, München, Deutschland
cara.storath@campus.lmu.de

—————— **Zusammenfassung** ——————————————————————

Augmented Reality (AR) hat sich bereits von einem reinen Forschungsthema zu einer Technologie mit kommerzieller Anwendung und breiter Nutzung entwickelt. Die Ansätze zur Realisierung sind vielfältig und bringen verschiedene Vor- und Nachteile in Bezug auf die Interaktion in AR. Zur Erläuterung der technischen Faktoren werden verschiedene Technologien in den Bereichen Tracking und Displays vorgestellt und ihre Vorteile, Schwachstellen und Einschränkungen dargelegt. Danach werden bereits existierende Interfaces für AR erklärt und in potenzielle Anwendungsfelder eingeordnet. Auch zu der Gestaltung der Interaktion in AR werden Anforderungen und bewährte Methoden dargelegt, sowie offene Fragen aufgezeigt. Anschließend wird AR in den Kontext des Ubiquitous Computing eingeordnet und gemeinsame Ansätze der beiden Technologien herausgearbeitet. Den Schluss bildet ein Ausblick auf zukünftige Entwicklungen und Herausforderungen der Interaktion in AR.

1998 ACM Subject Classification H.5.2 User Interfaces

Keywords and phrases Augmented Reality, Ubiquitous Computing, Interaktion, Taktile Interfaces, AR Design

1 Einleitung

"The ultimate display would, of course, be a room within which the computer can control the existence of matter. A chair displayed in such a room would be good enough to sit in. Handcuffs displayed in such a room would be confining, and a bullet displayed in such a room would be fatal. With appropriate programming such a display could literally be the Wonderland into which Alice walked."[32]

Auch wenn Augmented Reality (AR) immer noch weit von der von Sutherland beschriebenen Vision [32] entfernt ist, hat die Technologie heute bereits ihren Platz in kommerziellen Anwendungen gefunden. So gibt es zum Beispiel

AR-Anwendungen in den Bereichen Spiele, Medizin oder Marketing [3]. Um Sutherlands Wunderland [32] wahr werden zu lassen muss die Interaktion mit diesem Interface allerdings noch stark verbessert werden. Augmented Reality hat gegenüber herkömmlichen grafischen Nutzeroberflächen den Vorteil, dass sich die Interaktion mit Information wieder der natürlichen Interaktion mit realen Objekten angleicht. Bis die Interaktion mit virtuellen Objekten allerdings der Interaktion mit physischen Objekten ebenbürtig ist, müssen noch viele offene Fragen geklärt werden. Dieser Aufsatz behandelt verschiedene Arten in Augmented Reality mit Information zu interagieren, beschreibt die dahinter liegenden Technologien und zeigt Vorteile und Schwachpunkte der einzelnen Ansätze auf. Auch werden Anforderungen und Lösungswege für das Design von Augmented Reality Anwendungen erläutert und die Technologie in den Kontext des Ubiquitous Computing eingeordnet. Zuletzt wird ein Ausblick auf zukünftige Entwicklungen und Herausforderungen gegeben und unausgeschöpftes Potenzial dargelegt.

2   Augmented Reality

In AR koexisitieren virtuelle Objekte im besten Fall gleichberechtigt mit realen Objekten in der echten Welt. Das heißt das Virtuelle überlagert das Reale nicht einfach sondern ergänzt es, die beiden Welten erscheinend als eine Einheit [2]. Die anerkannte Definition von Azuma [2] beschreibt Augmented Reality anhand von drei Charakteristiken:

- Kombination von Realem und Virtuellem
- Interaktivität in Echtzeit
- Registrierung in 3D

AR kann als eine Form von Mixed Reality gesehen werden, also der Verbindung von realen und virtuellen Umgebungen. In einer virtuellen Umgebung wird das Sichtfeld des Nutzers komplett durch computergenerierte Bilder ersetzt. Die Definition einer 'realen Umgebung' ist, dass nichts, was der Nutzer sieht, virtuell erzeugt wurde. AR wird tendenziell näher an der echten als an der virtuellen Welt gesehen. Allerdings muss angemerkt werden, dass die Übergänge fließend sind und AR an jedem Punkt des Mixed Reality Kontinuums (siehe Abbildung 1) angesiedelt werden kann [3, 25].

3   Technologien

Wie von Billinghurst et al.[3] beschrieben ergeben sich aus der in Abschnitt 2 beschriebenen Definition von Augmented Reality folgende technische Anforderungen an das AR-Interface:

- ein *Display*, das reale und virtuelle Bilder kombiniert

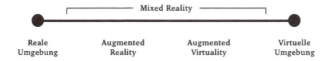

Abbildung 1 Mixed Reality Kontinuum. Nach Milgram und Kishino [25]

- ein *Computersystem*, das interaktive Grafiken erzeugt und in Echtzeit auf Nutzerinput reagiert
- ein *Trackingsystem*, das den Blickwinkel des Nutzers erfasst

Grundsätzlich kann man deshalb AR-Technologien in zwei Bereiche unterteilen: Tracking und Displays.

3.1   Tracking Technologien

Tracking Technologien sorgen dafür, das virtuelle Bild in der echten Welt zu platzieren und somit die Illusion zu erzeugen, dass das virtuelle Bild ein Bestandteil der physikalischen Umgebung sei. Billinghurst et al. [3] gliedert das Tracking grob in zwei Phasen: Erstens die Registrierungsphase, in der Position und Blickwinkel des Betrachters bestimmt und mit der echten Welt abgeglichen werden. Als Zweites folgt die Trackingphase, hier wird die aktuelle Position des Nutzers mit einer vorher bekannten Position abgeglichen.

Um das Tracking zu realisieren gibt es verschiedene Technologien. Laut Billinghurst et al. [3] ist die am meisten Verwendete **Vision Based Tracking**. Hier wird die Position über die von optischen Sensoren erfassten Daten ermittelt. Diese optischen Sensoren können in folgende Ansätze unterteilt werden: Infrarot, sichtbares Licht und 3D-Struktur. Sensoren zur Erfassung von sichtbarem Licht (z.B. Kameras) sind am weitesten verbreitet und finden sich in vielen Produkten des alltäglichen Gebrauchs, wie etwa Laptops oder Smartphones. Objekte können mit diesen Sensoren anhand folgender Merkmale getracked werden:

- *Bezugsmarken (Fiducial makers):* Bei dieser Methode werden künstliche Bezugsmarken in die reale Umgebung integriert, welche dann einfach und mit einer sehr hohen Erkennungrate registriert werden können [3]. Ein bekanntes Beispiel aus der Forschung ist die erste Version des ARToolKit von Billinghurst und Kato, die Bezugsmarken nutzen, um den Prototypen für ein AR Konferenzsystem zu realisieren [17].
- *Natürliche Merkmale:* Im Gegensatz zum Tracking mit Bezugsmarken werden hier einzigartige Merkmale getracked, welche bereits in der natürlichen Umgebung vorhanden sind [3]. Hierfür verwenden Bilderkennungsalgorith-

men, wie zum Beispiel SIFT, vor allem Punkte, Ecken und Schnittpunkte von Linien um Objekte zu identifizieren [23].

- *Modelle:* Bei dieser Methode werden Objekte auf Basis ihrer bereits bekannten 3D-Struktur, zum Beispiel in Form von CAD Modellen getracked [3]. Neuere Verfahren, wie etwa PTAM [19], kombinieren diese Methode mit der Erkennung von natürlichen Merkmalen. So wird es möglich, nicht nur im Voraus manuell erstellte Modelle zu verwenden, sondern auch Modelle unbekannter Umgebungen zu erschaffen.

Weitere Ansätze zur Realisierung des Trackings in AR sind neben dem Vision Based Tracking, Magnetisches Tracking, Inertiales Tracking, GPS Tracking und Hybrides Tracking. Bei dem **magnetischen Tracking** werden die magnetischen Felder eines Empfängergeräts im Verhältnis zu einem Transmitter, welcher als Ankerpunkt in der echten Welt dient, gemessen. **Inertiales Tracking** verwendet Sensoren zur Messung von inertialen Einheiten, wie etwa Beschleunigungssensoren, Gyroskope oder Magnetometer um die relative Orientierung und Beschleunigung eines Objekts zu erkennen. Per **GPS Tracking** kann die GPS Position auf der Erde bestimmt werden, allerdings ist diese Position sehr ungenau und somit nur für wenige Anwendungsfälle geeignet. Beim **hybriden Tracking** werden die Daten verschiedener Sensoren und die Ansätze mehrerer Trackingmethoden kombiniert um die Schwächen einzelner Verfahren abzufangen und so die Genauigkeit zu verbessern [3].

3.2   Display Technologien

Augmented Reality Displays haben die Aufgabe, virtuelle und reale Bilder zu kombinieren und somit beide Welten in Echtzeit miteinander zu verschmelzen. Die Displays unterscheiden sich einerseits in ihrer Art das kombinierte Bild zu erzeugen, aber auch darin, wo sie im Verhältnis zum Nutzer platziert sind.

3.2.1   Erzeugung des Bildes

Es gibt verschiedene Ansätze für Displays, welche ein Bild anzeigen können, das virtuelle und reale Bilder kombiniert. Die einzelnen Technologien haben alle Vor- und Nachteile und sind daher für unterschiedliche Anwendungsfälle geeignet.

Bei **videobasierten AR Displays** sieht der Nutzer die Augmented Reality durch ein Video, in dem das computergenerierte virtuelle Bild und das von einer Kamera aufgenommene Bild der echten Welt kombiniert werden. Diese Displays werden viel verwendet, da die benötigte Hardware weit verbreitet ist. Der Vorteil dieser Technologie ist der hohe Grad der Kontrolle über das dargestellte Bild, so kann das häufige Problem der falschen oder unvollständigen Überlagerung von virtuellen und realen Objekten mit videobasierten

Displays behoben werden. Allerdings sieht der Nutzer auch die reale Welt nur durch ein Display, was Probleme in Bezug auf Auflösung, Verzerrung, Verzögerung des Bildes und Positionierung des Blickwinkels mit sich bringt. Diese Faktoren stören die Authentizität des Mediums und sorgen unter anderem für Sicherheitsprobleme [3].

Ein zweiter Ansatz sind **optisch-transparente AR Displays (optical see-through)**, wie sie zum Beispiel in manchen modernen Autos verwendet werden. Sie nutzen optische Systeme um die virtuellen und realen Bilder zu vereinigen. Hierbei hat der Nutzer noch eine direkte Sicht auf die echte Welt, während die virtuellen Objekte anhand verschiedener Methoden in seinem Sichtfeld platziert werden. Hierfür wird zum Beispiel die Reflexion von Strahlenteilern oder virtuelle Spiegeln genutzt um die beiden Bildquellen ineinander zu fügen. Während diese Ansätze noch optische Mittel verwenden um die beiden Bilder zu kombinieren, wird in neuerer Forschung versucht, komplett transparente Displays zu erschaffen [15]. Der große Vorteil dieses Verfahrens ist die Erhaltung der direkten Sicht auf die echte Welt und somit aller damit einhergehenden Qualitätsmerkmale. Daher sind optische, transparente Displays auch für sicherheitskritische Anwendungen, zum Beispiel in der Medizin oder im Militär geeignet. Allerdings kreiert die optische Erzeugung der Bilder auch einige Probleme: So gibt es einen deutlich erkennbaren Unterschied zwischen der virtuellen und der realen Welt, das virtuelle Bild ist oft leicht verzögert und es ist bisher kaum möglich eine korrekte Verdeckung der realen Welt zu erzeugen, die virtuellen Objekte erscheinen semitransparent. Auch ist das Bild stark abhängig von den Lichtverhältnissen in der realen Welt. Zusätzlich erfordern diese Art von Displays meist eine sehr genaue Bestimmung der Blickposition, welche in einem hohen Kalibirierungsaufwand resultiert [3].

Projektionsbasierte AR Displays überlagert die virtuellen Bilder direkt auf der Oberfläche des entsprechenden realen Objekts. Hierfür wird der Blickwinkel des Betrachters im Verhältnis zum Objekt in der echten Welt getrackt, um so das virtuelle Bild an die richtige Stelle zu projizieren. Dieses Vorgehen ermöglicht es dem Nutzer mit dem AR-Inhalt zu interagieren, ohne Hardware tragen zu müssen. Auf Grund der öffentlichen Sichtbarkeit des projizierten Inhalts ist dieses Verfahren allerdings nicht für private Anwendungen geeignet. Zusätzlich ist diese Technologie sehr anfällig für schlechte Lichtverhältnisse, auch die korrekte Darstellung von sich überlagernden Objekten ist deutlich schwieriger als bei optischen und videobasierten Displays [3].

Während in den vorherigen Ansätzen virtuelle und reale Bilder von der Technologie selbst verknüpft wurden, geschieht dies bei **sichtmultiplex (eye-multiplexed) AR Displays** mental beim Nutzer, wie in Abbildung 2 dargestellt. Zwar erfordert diese Methode weniger Rechenleistung und ist robuster gegenüber ungenauem Tracking, doch erfordert sie vom Nutzer eine mentale

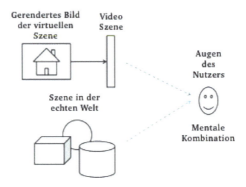

■ **Abbildung 2** Struktur eines sicht-multiplexen AR Displays. Nach Billinghurst et al. [3]

Belastung. Um diese zu reduzieren muss das Display sehr nahe an seinem Auge angebracht werden und sollte seinem Blick folgen [3].

3.2.2   Auge-zur-Welt Spektrum

Ein weiterer Faktor, anhand dem AR-Displays differenziert werden können, ist das Auge-zur-Welt Spektrum. Hier wird unterschieden, wo das Display zwischen dem Auge des Nutzers und der Szene in der echten Welt platziert ist (siehe Abbildung 3). Wo sich das Display in der Umgebung befindet und wie es mit dem Nutzer verbunden ist, beeinflusst die Art und Weise der Interaktion stark. Grundsätzlich wird zwischen am Kopf angebrachten, tragbaren und räumlichen Displays unterschieden [7].

Am Kopf angebrachte Displays (head-attached) stellen die virtuellen Bilder direkt vor dem Auge des Nutzers dar. Das bedeutet, dass keine anderen physischen Objekte dazwischen kommen können und das virtuelle Bild somit nicht verdeckt sein kann. Ihre Umsetzbarkeit und Benutzerfreundlichkeit wird mit schrumpfender Hardware immer höher. Head-Mounted Displays (HMD) sind der häufigste Typ dieser Art von Displays und ähneln Brillen [3]. Eines der jüngsten Beispiele für ein HMD mit einem optischen, transparenten Display ist die HoloLens von Microsoft[1]. Diese Art von Display bringt allerdings häufig das Problem mit sich, dass das Sichtfeld durch das Gerät eingeschränkt wird, was wiederum sicherheitskritisch ist.

Tragbare oder am Körper angebrachte Displays haben den Vorteil,

---

[1] ttps://www.microsoft.com/de-de/hololens

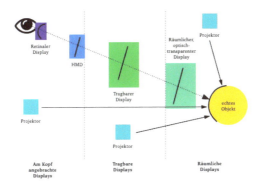

Abbildung 3 AR Displays auf dem Auge-zur-Welt Spektrum. Nach Bimber und
Raskar [7]

dass sie gegenüber am Kopf angebrachten Displays salonfähiger sind und das
Sichtfeld des Nutzers nicht einschränken. Auch ist das Teilen von Information
einfacher. Heute sind sogar Smartphones mit der ausreichenden Hardware
ausgestattet, um als ein solches Display zu dienen. Die meisten Ansätze
für tragbare Displays sind videobasiert, optisch-transparente Displays oder
Projektoren wurden bisher weniger erforscht [3].

Im Gegensatz zu den vorherigen beiden Arten sind **räumliche Displays**
meist fest an einem Ort installiert und stellen ein großflächigeres Bild dar,
auch werden sie häufig über optisch-transparente Displays realisiert [3].

4 Interaktion

Die Interaktion in AR ist stark von der Hybridität der Technologie geprägt.
Dem Nutzer muss es möglich sein, gleichzeitig mit der Realität und den virtuellen Inhalten zu interagieren. Hierfür gibt es verschiedene Interaktionstechniken,
welche in unterschiedlichen Arten von AR-Interfaces realisiert sind.

4.1 Eingabe- und Interaktionstechniken

Zur Eingabe von und Interaktion mit Information in Augmented Reality gibt
es verschiedene Modalitäten, die Billinghurst et al. [3] in 2D-Methoden und
multimodale / 3D-Methoden unterteilt. Zu den 2D-Modalitäten gehören insbesondere die aus graphischen Nutzeroberflächen bekannten Geräte, wie z.B.
Tastatur, Maus oder Touchscreen. Zu den 3D und multimodalen Interaktionsmethoden gehören unter anderem Sprache, Gestik und an den Körper
befestigte bzw. vom Nutzer gehaltene Geräte. Neben den Modalitäten kann

man die Eingabe- und Interaktionstechniken auch nach der Art der Interaktion unterteilen [3, 8, 12]:

- Navigation
- Auswahl der Information, die dargestellt wird
- Filtern der Information
- Navigation innerhalb der Informationsdetails
- Änderung des Visualisierungsstils
- Direkte Interaktion mit virtuellen Objekten
- Selektion von Information
- Manipulation von Information
- Kollaboration und Teilen von Information

Die Navigation in AR ist sehr natürlich, der Nutzer kann sich einfach wie gewohnt mit seinem Körper in seiner physischen Umgebung bewegen. So kann er zum Beispiel, abhängig vom verwendeten AR-Gerät, auf virtuelle Objekte zulaufen oder den Ausschnitt der dargestellten Information verändern, in dem er seinen Kopf dreht [3].

4.2   Interfaces

Auf Basis der verschiedenen Interaktionsmodalitäten und -technologien wurden verschiedene Interfaces entwickelt, welche abhängig vom Interaktionskontext verwendbar sind. Eine Auswahl dieser Interfaces ist im Folgenden beschrieben.

4.2.1   Informationsbrowser

Informationsbrowser werden als 'Fenster' in den mit Information angereicherten Raum beschrieben, in der Regel in Form von Bildschirmen. Diese Bildschirme können in der echten Welt hin und her bewegt werden um so einen jeweils anderen Ausschnitt der Augmented Reality und der darin enthaltenen Informationen zu zeigen. Um mit der Information zu interagieren werden meist bereits bekannte 2D-Modalitäten, wie Maus, Tastatur oder Touchscreen verwendet. Diese sehr etablierten Interaktionsmodalitäten tragen dazu bei, dass Informationsbrowser einfach zu lernen sind, da der Nutzer mit keiner neuen Interaktionsmethode konfrontiert wird. Ein weiterer Vorteil ist, dass der Nutzer keine Technik an seinem Körper befestigen muss und somit kaum bis kein Kalibrierungsaufwand notwendig ist und die Einstiegshürde dadurch gering bleibt. Außerdem kann er schnell und einfach die echte und die Augmented Reality direkt miteinander vergleichen. Auf der Kehrseite ist diese Art von Interface stark limitiert, insbesondere in Bezug auf die direkte Interaktion mit Objekten. Zusätzlich ist mindestens eine Hand an das AR-Gerät gebunden und kann somit nicht für andere Aktionen verwendet werden [3, 28]. Ein Beispiel für einen Informationsbrowser ist das Projekt NaviCam von Rekimoto, der die Technik mit der Metapher einer Lupe beschreibt [28].

4.2.2 3D User Interfaces: Interaktion mit Controllern

Bei 3D Interfaces interagiert der Nutzer in der Augmented Reality mit Hilfe von Controllern. Dies geschieht häufig in Kombination mit am Kopf angebrachten Displays. Diese Art der Interaktion unterstützt die direkte Interaktion mit virtuellen Objekten, insbesondere die Navigation, Selektion und Manipulation [8]. Als Controller dienen bereits gebräuchliche Geräte der 3D-Interaktion, wie z.B. 3D-Maus, Zeigegeräte, Joysticks oder Spaceballs. In diesen Geräten sind meist 3D-Bewegungssensoren eingebaut, die es erlauben die Bewegung des Nutzers zu erfassen, um so festzustellen, auf welche virtuellen Objekte er zeigt oder welche er manipuliert [3]. Ein Beispiel für diese Technologie ist VLEGO II. In diesem Projekt wurden 3D UI Controller verwendet um in einem kollaborativen Szenario in AR zu interagieren [18].

Controller haben den Vorteil, dass sie auch dazu genutzt werden können, dem Nutzer haptisches Feedback zu geben und so mit Hilfe eines zusätzlichen Sinns ein realeres Erlebnis zu gestalten. Allerdings besteht hier die Herausforderung, den visuellen und taktilen Eindruck aufeinander abzustimmen um eine ganzheitliche Erscheinung zu schaffen [35]. Durch die Wiederverwendung der Controller aus bereits bekannten 3D-Anwendung, kann der Nutzer in einer gewohnten Art und Weise mit den virtuellen Objekten interagieren. Hierbei profitiert die Forschung auch von Ergebnissen aus anderen 3D-UI Bereichen, wie Virtual Reality. Die Controller sind besonders gut für die Anwendung in den Bereichen Entertainment, Design und Training geeignet. Negativ ist aber, dass die Interaktion mit Controllern sich stark von der Interaktion mit physischen Objekten unterscheidet und daher weniger natürlich ist. Zusätzlich sind die Hände des Nutzers durch den Controller blockiert, wodurch er nicht mehr wie gewohnt mit physischen Objekten interagieren kann [3].

4.2.3 Tangible User Interfaces: Interaktion mit physischen Objekten

Eines der ersten Beispiele für Tangible UI in AR war das „magische Buch" [6] von Kato et al. (siehe Abbildung 4). Hier wurde ein echtes Buch verwendet, dessen Seiten in Augmented Reality mit virtuellen Szenen angereichert wurden, mit denen der Nutzer dann interagieren konnte. Zusätzlich unterstützte dieses Projekt auch die kollaborative Interaktion mit mehreren Nutzern. Das magische Buch kommuniziert eine überzeugende Interaktionsmetapher, die seine Nutzung verständlich macht (vgl. Abschnitt 4.4). Kato et al. arbeiten mit dem Tracking von Bezugsmarken auf den einzelnen Seiten, welche die einzelnen Seiten voneinander unterscheidbar machen und dabei eine relativ hohe Erkennungsrate gewährleisten.

▮ **Abbildung 4** Bei dem „magischen Buch" wird ein echtes Buch verwendet, um mit virtuellen Szenen zu interagieren. Nach Kato et al. [6]

Ein Tangible User Interface (TUI) impliziert die Verwendung von physischen Objekten (das physische Buch), die in Augmented Reality bestimmte Objekte oder Informationen (die virtuellen Szenen) repräsentieren und so die virtuelle und reale Welt aneinanderkoppeln. Hierbei interagiert der Nutzer mit dem virtuellen Objekt indem er das korrespondierende reale Objekt bearbeitet. Auch bei dieser Art des Interfaces ist es entscheidend, die taktile und visuelle Wahrnehmung des Objekts einheitlich zu gestalten [4, 3].

Der große Vorteil dieses Interfaces ist die natürliche, intuitive und leicht zu erlernende Interaktion - der Nutzer interagiert, wie aus der echten Welt gewohnt, mit physischen Objekten. Sein Problem ist die fehlende Flexibilität: Es muss ein passendes Objekt für die virtuelle Interaktion gefunden werden, viele Objekte sind in der zur Darstellung nutzbaren Fläche beschränkt und nicht beliebig manipulierbar. Außerdem ist die Verwendung von zusätzlichen physischen Objekten, insbesondere im Kontext mobiler und tragbarer Interfaces, oft unangebracht oder nicht realisierbar [3].

4.2.4 Natural User Interfaces

In Natural User Interfaces wird der Körper des Nutzers getrackt und so seine Bewegung und Gestik erkannt. Diese Art des Interfaces unterstützt deshalb insbesondere die direkte Interaktion mit Objekten. Dies kann über an den Körper angebrachte Geräte oder Bilderkennung realisiert werden. Natural User Interfaces sind sehr intuitiv, da der Nutzer es gewohnt ist, über Gestik zu kommunizieren und seinen Körper zu benutzen, um mit Objekten zu interagieren [3]. Ein besonderer Fokus liegt hierbei auf den Händen, da der Mensch diese auch größtenteils nutzt, um mit physischen Objekten zu interagieren. Das bringt auch den Vorteil, dass der Nutzer mit realen und virtuellen Objekten in der Augmented Reality gleich interagieren kann und somit die Erfahrung vereinheitlicht wird [9].

Buchmann et al. [9] beschreiben zwei Interaktionsräume für handbasierte Interaktion: Der Raum innerhalb der Reichweite des Nutzers und der Raum außerhalb davon. Objekte in Reichweite können analog zu realen Objekten manipuliert werden, was die Aktionen sehr intuitiv macht. Sind die Objekte nicht mehr mit der Hand erreichbar, sind auch andere Interaktionsmethoden und Gesten angebracht. Der Nutzer kann mit nahen Objekten via natürlicher Gesten, wie Greifen, Drücken, Ziehen oder Zeigen, interagieren. Einige dieser Gesten wurden in dem Projekt FingARtip [9] von Buchmann et al. in dem Kontext einer Anwendung zur Städteplanung realisiert und evaluiert. Zusätzlich wurden Buzzer an die Fingerspitzen des Nutzers angebracht, um taktiles Feedback bereitzustellen und so für eine 'immersivere' Erfahrung zu sorgen. Das taktile Feedback ist besonders wichtig, wenn sich die Hand nicht im Sichtfeld des Nutzers befindet. Das Ergebnis der Evaluation des Interfaces ergab zwar einige Probleme aufgrund technischer Limitierungen, die Resonanz der Nutzer war allerdings überwiegend positiv. So schätzten diese die Interaktion einfach und intuitiv ein und waren fasziniert, dass sie virtuelle Objekte wie reale Objekte behandeln konnten. Als wesentlicher Faktor für eine erfolgreiche Interaktion kristallisierte sich die korrekte Darstellung der Hand im Verhältnis zu den virtuellen Objekten heraus. Das bedeutet, dass einerseits die Hand je nach Position von den virtuellen Objekten verdeckt sein muss und andererseits, dass der Abstand zwischen der Hand und dem virtuellen Objekt klar erkennbar sein muss. Die einheitliche Verbindung von visuellem und taktilem Feedback spielte auch hier eine entscheidende Rolle. Buchmann et al. [9] verwenden einen Handschuh mit Bezugsmarken zur Gestenerkennung. Einen ähnlichen Weg gehen Lee et al., bei deren Interaktionshandschuh Bezugsmarken zum Tracken der Handposition und -rotation eingesetzt werden und zusätzlich konduktiver Stoff zur Erkennung der Handposition genutzt wird. Auch Lee et al. [20] wenden vibro-taktiles Feedback an, um die Interaktion zu verbessern. Laut den Autoren hat diese Art des Interfaces eine geringe Fehlerrate und hohe Effizienz. Die Verwendung zusätzlicher Geräte am Körper des Nutzers behindert ihn allerdings in seiner natürlichen Interaktion, modifiziert die natürliche Umgebung und kann als sozial unakzeptabel angesehen werden.

Das Tracking des Nutzers über Bilderkennung hingegen kommt ohne ein an den Körper des Nutzers angebrachtes Interface aus und ermöglicht so eine freihändige Interaktion, die natürlicher und flexibler ist [9]. Als Feature zur Körpererkennung wird hier häufig die Hautfarbe verwendet. Handy AR von Lee und Höllerer [21] ist zum Beispiel ein Interface, welches die Handposition und Rotation des Nutzers erkennt und dabei ohne Bezugsmarken auskommt. Die

negative Seite dieses Ansatzes ist die Anfälligkeit gegenüber schlechten Lichtverhältnissen, weshalb er insbesondere für Outdoor-Anwendungen ungeeignet
ist.

4.2.5   Multimodale Interfaces

Um eine allumfassendere Erfahrung zu gestalten, nutzen multimodale Interfaces
mehrere In- und Output Modalitäten und kreieren so ein mehrdimensionales
Erlebnis [3]. Die am meisten erforschte Kombination ist hierbei Sprache und
Gestik. Diese Mischung ergibt laut Cohen et al. [10] eine so gute Synergie, weil
beide Modalitäten komplementär sind und sich daher gegenseitig ergänzen:
Sprache sorgt für quantitativen und Gesten für qualitativen Input. Irawati
et al. [16] fanden bei der Evaluation ihrer AR-Anwendung heraus, dass im
Gegensatz zur Verwendung nur einer Modalität, die Kombination von Sprache
und Gestik bei der Aufgabenerfüllung um 35% schneller war. Auch waren
multimodale Interfaces beliebter bei den Nutzern und die Interaktion genauer.

4.3   Kollaborative Interaktion

Kollaborative Interfaces haben laut Billinghurst und Kato [5] eines der größten
Anwendungspotenziale für Augmented Reality. Kollaborative Interfaces können
in zwei Anwendungsszenarien unterteilt werden: Face-to-Face Kommunikation
und Telekommunikation.

Bei einer Face-to-Face Kollaboration wird die Kommunikation häufig durch
das Einbeziehen von Objekten in der Umgebung angereichert. Diese fördern die
Dynamik der Interaktion, repräsentieren Inhalte und lenken die Aufmerksamkeit auf eine bestimmte Information. Computergestützte Kommunikationsfor-
men, wie zum Beispiel bildschirmbasierte Telekonferenzen, haben das Problem,
dass die Kommunikationsteilnehmer schwierig auf die echten Objekte in der
Umgebung referenzieren können. Aber auch die Face-to-Face Kommunikation
hat bei der Interaktion mit Information ihre Schwachstellen: Informationen
werden hier häufig auf dem Bildschirm oder anderen Medien dargestellt, die
nicht für die Kollaboration geeignet sind. Im Studierstube-Projekt untersuch-
ten Schmalstieg et al. [33] AR im Kontext der kollaborativen Face-To-Face
Kommunikation am Arbeitsplatz. Die Kommunikation in AR zeigte mehrere
Vorteile gegenüber der Kommunikation ohne virtuelle Objekte.

AR ermöglicht es, Objekte, die sich nicht in der Umgebung befinden virtuell
darzustellen und so zum Gegenstand der Kommunikation zu machen. Mit
diesen Objekten können dann mehrere Nutzer gleichzeitig so interagieren und
kooperieren, wie sie es von realen Objekten gewöhnt sind. Außerdem können
reale Objekte mit Zusatzinformationen versehen werden, die dann für alle
Nutzer sichtbar sind. Trotzdem hat noch jeder Nutzer die Freiheit seinen

Blickwinkel und somit Informationsausschnitt zu wählen. Auch fördert AR eine flexiblere und personalisierte Erfahrung für jeden einzelnen Nutzer, da die dargestellte Information für jeden Kommunikationsteilnehmer angepasst werden kann [5].

Auch für die Telekommunikation in AR bauten Billinghurst und Kato [5] einen ersten Prototyp. Dieser ermöglicht es nicht körperlich anwesende Kommunikationsteilnehmer darzustellen. Dies hat gegenüber bildschirmbasierten Telekommunikationsanwendungen den Vorteil, dass das Erscheinungsbild dem einer echten Person ähnlicher ist, was die Basis für eine natürlichere Kommunikation bietet. Außerdem kann in der Theorie eine beliebige Anzahl an Kommunikationsteilnehmern eingeblendet werden.

ShareVR ist ein Ansatz von Gugenheimer et al. [14] zur Nutzung von AR mit dem Ziel der Kollaboration von Nutzern in VR und Personen außerhalb. Der Prototyp ist daher auch ein Beispiel für eine asymmetrische Interaktion, in der die verschiedenen Nutzer zwar mit dem grundsätzlich gleichen Inhalt aber via unterschiedlicher Technologien und Informationsausschnitte interagieren. Hierfür wurden Informationsbrowser und Projektoren verwendet um die nicht in VR befindlichen Nutzer an der virtuellen Erfahrung teilhaben zu lassen. In diesem Fall wurde demnach AR genutzt, um die Brücke zwischen VR und Realität zu schlagen.

4.4 Design Implikationen

Herkömmliche Computergrafikanwendungen sind bildschirmbasiert, das bedeutet, dass die virtuelle und reale Welt streng getrennt voneinander erscheinen. In Augmented Reality allerdings überlagern dreidimensionale, virtuelle Bilder die echte Welt und sind so in der unmittelbaren Umgebung des Nutzers platziert [4]. Bei dem Design von Augmented Reality Interfaces ist daher eine überzeugende Fusion von physikalischer und virtueller Welt essentiell [24]. Die Herausforderung hierbei ist es, In- und Output so zu kombinieren, dass das Erlernen der Interaktionsmetapher und die Benutzerfreundlichkeit im Kontext der zu erfüllenden Aufgabe effektiv und zufriedenstellen sind. Dabei geht es im Kern um die Beachtung der folgenden drei Komponenten [4]:
- dem realen, physischen Objekt
- dem virtuellen, dargestellten Objekt
- der Interaktionsmetapher, welche die beiden Objekte verknüpft

Hier unterscheidet man zwischen dem raum- und zeitmultiplexen Ansatz, wobei der Raummultiplexe als einfacher zu erlernen gilt. In raummultiplexen Interfaces ist an jedes Objekt nur eine einzige Funktion gebunden. Bei dem zeitmultiplexen Ansatz kann ein Objekt mehrere Funktionen auslösen, abhängig von seinem Kontext und Status. Die Interaktionsmetapher sollte die verfügbaren Funktion(en) kommunizieren. Hier ist es vielversprechend,

Objekte aus dem Alltag oder der unmittelbaren Umgebung zu verwenden, deren Benutzung bereits bekannt und vertraut ist [3, 4]. Ein wichtiger Faktor bei dem Design dieser Objekte ist ihr Angebotscharakter (Affordance). Dieser Begriff wurde von Norman [26] geprägt und bedeutet, dass ein Inputgerät über seine Form kommuniziert, wie es zu benutzen ist.

Der große Unterschied zwischen realen und virtuellen Objekten ist, dass die Virtuellen nicht anfassbar sind, sondern erst einmal nur optisch für den Nutzer existieren. Kann der Nutzer das Objekt nicht berühren, ist das ein Bruch in seiner Nutzererfahrung und das Objekt verliert an Glaubwürdigkeit und Stellenwert gegenüber dem echten Objekt. Das Gefühl einer Berührung kann durch taktiles Feedback hervorgerufen werden und so ein natürlicheres und intuitiveres Interface kreiert werden [31].

4.4.1 Design von Tangible User Interfaces

Da besonders in Tangible User Interfaces die Verbindung zwischen physischen und virtuellen Objekten sehr stark ist und daher viel Potenzial bietet, fokussiert sich Billinghurst et al. in "Designing Augmented Reality Interfaces"[4] auf diese Art von Interface. Die Autoren argumentieren, dass grundsätzliche Designprinzipien von TUIs auch auf die allgemeine Interaktion in Augmented Reality angewendet werden können. Diese Prinzipien lauten wie folgt:

- Nutzung von physischen Controllern zur Manipulation von virtuellen Inhalten
- Unterstützung von räumlichen 3D Interaktionstechniken
- Unterstützung von zeit- und raummultiplexen Interaktionen
- Unterstützung von mehrhändiger Interaktion
- Verbindung des Angebotscharakters von dem Objekt mit den Kontextanforderungen
- Unterstützung von parallelen Aktionen, bei denen mehrere Objekte gleichzeitig bearbeitet werden können

Dieser Ansatz wurde unter anderem in dem Projekt 'Virtuelles Studio' [13] von Grasset et al. realisiert. Hier wird ein echter Pinsel und eine echte Farbpalette genutzt um virtuelle Grafiken auf echte Objekte zu malen.

Ullmer et al. [34] schlagen bei physischen Elementen in TUIs die Unterscheidung zwischen Tokens und Referenzrahmen vor. Tokens sind physikalisch manipulierbare Elemente, während der Referenzrahmen den Interaktionsraum definiert, in dem die Tokens genutzt werden. Ein Objekt sollte dabei anzeigen, ob es als Token oder Referenzrahmen zu nutzen ist. Objekte, die einen Referenzrahmen repräsentieren sind in der Regel unbeweglich, während Tokens leicht manipulierbar sein sollten.

4.4.2   Design Patterns

Während das Design von TUIs die Verbindung zwischen physikalischen und digitalen Objekten in den Fokus stellt, gilt es bei dem Design von AR-Interfaces auch andere Faktoren zu beachten. Um eine konsistente Erfahrung mit AR-Medien anwendungsübergreifend zu gestalten, ist in Zukunft die Festlegung von Design Patterns nötig [37]. Ein Pattern beschreibt die einheitliche Lösung für ein häufiges Problem [1]. Im Design beinhalten sie bewährte Methoden und vereinen Wissen um die Kommunikation innerhalb der Community zu erleichtern und ein zielgerichteteres Design voranzutreiben [11].

Die Entwicklung vieler AR Interfaces steckt noch in den Kinderschuhen, bisher wurden deshalb hauptsächlich Interaktionstechniken anderer Interfaces adaptiert, allerdings kaum eigene Interaktionsmetaphern und Design Patterns etabliert [3, 37]. Xu et al. [37] schlagen deshalb 'Pre-Patterns' vor, die in der Wissenschaft als Design Patterns für aufkommende Anwendungsfelder beschrieben werden [29]. Die von Xu et al. [37] beschriebenen Pre-Patterns beziehen sich auf tragbare AR-Geräte im Spielekontext, sind aber zumindest teilweise auf die Interaktion in AR im Allgemeinen übertragbar. Die Pre-Patterns werden in folgende Kategorien unterteilt:

- *Geräte Metapher:* Das Nutzen einer Metapher um mögliche Aktion anzuzeigen.
- *Verknüpfung der Bedienung:* Die Herstellung einer intuitiven Verbindung zwischen physischen und digitalen Objekten.
- *'Seamful' Design:* Die Integration und das sinnvolle Nutzen von technologischen Schwachstellen und Brüchen.
- *Welt Konsistenz:* Die Frage ob Gesetze und Regeln in der virtuellen wie in der physischen Welt anwendbar sind.
- *Landmarken:* Die Stärkung der Verbindung zwischen dem physischem und dem digitalem Raum durch Landmarken.
- *Eigene Präsenz:* Die Art wie ein Nutzer in der Anwendung präsent ist und wie stark er sich mental in der virtuellen Welt befindet.
- *Lebende Charakteren:* Virtuelle Charaktere, welche auf physische und soziale Ereignisse reagieren und das Verhalten von echten Lebewesen imitieren.
- *Körperliche Einschränkungen:* Das Beachten der eingeschränkten Bewegung des Nutzers durch körperliche oder räumliche Bedingungen.
- *Verdeckte Information:* Komplett oder teilweise versteckte Information in kollaborativen Anwendungen kann die soziale Interaktion fördern.

Die Evaluation, Verfeinerung und Erweiterung der Pre-Patterns von Xu et al. sollte Gegenstand zukünftiger Forschung sein, um zuverlässige Design Patterns für AR-Interfaces zu etablieren.

5 Augmented Reality und Ubiquitous Computing

Die Kombination von Augmented Reality und Ubiquitous Computing ist deshalb so interessant, weil beide Technologien grundsätzlich das gleiche Ziel anstreben: Digitale Informationen mit der echten Welt zu verschmelzen [22]. Weiser [36] sieht im Ubiquitous Computing das wahre Potential für die Informationstechnologie: Der Computer als ein fester Bestandteil des menschlichen Lebens, der seine Allgegenwärtigkeit in seiner Unsichtbarkeit begründet. Die Technologie ist nicht mehr gerätorientiert, sondern kontextzentriert und reagiert selbstständig auf die Anforderungen des Menschen, anstatt auf explizite Befehle zu warten. Die Welt wird zum Interface mit mehreren Touchpoints zur Technologie. Auch Augmented Reality ist kontextzentriert, die Interaktionsobjekte sind fest in der echten Welt verankert, im besten Fall an einer Stelle die für den Nutzer auf Grund des Kontexts intuitiv Sinn ergibt. Die virtuellen Objekte werden Teil der Umgebung des Nutzers und koexistieren im idealen Szenario gleichrangig mit den realen Objekten. Zwar sind die virtuellen Objekte sichtbar, durch ihre perfekte Einbettung wirken sie allerdings nicht mehr wie ein technischer Fremdkörper. Die Technologie selbst wird nicht mehr wahrgenommen und verschwindet im Bewusstsein des Nutzers [36, 22, 30].

Um diese Brücke zwischen AR und Ubiquitous Computing zu schlagen, gibt es bereits mehrere Ansätze in denen das, was normalerweise in Ubiquitous Computing unsichtbar ist durch AR sichtbar zu machen [3]. Rauhala et al. [27] nutzen zum Beispiel einen AR Informationsbrowser um Daten eines Feuchtigkeitssensors in einem Ubiquitous Computing Interface anzuzeigen. Schmalstieg und Reimayr [30] beschäftigten sich mit dem Anzeigen von Informationen in AR in einer Ubiquitous Computing Navigationsanwendung. So zeigen sie zum Beispiel für Touristen relevante Informationen zu einer Sehenswürdigkeit an, wenn diese in Sichtweite ist. Für diese adaptive Anzeige von Kontextinformationen legen sie Kernaufgaben fest, die eine solche Anwendung erfüllen sollte:

- Die Visualisierungskomponente sollte das Modell der echten Welt nach für den Nutzer relevanten Strukturen untersuchen und dann den entsprechend passenden Inhalt anzeigen.
- Insbesondere in sicherheitskritischen Anwendungen sollten gefährliche Stellen und nicht sichtbares Gefahrenpotenzial angezeigt und hervorgehoben werden.
- Auch sollte auf wichtige Objekte, welche in der realen Welt im Moment nicht im Sichtfeld des Nutzers sind, hingewiesen werden. Dies hilft dem Nutzer dabei, sich ein besseres Gesamtbild seiner Umgebung zu machen.

Zur Darstellung von Kontextinformationen ist die Verarbeitung großer Datenmengen erforderlich. Auch müssen die Daten zuverlässige Ortsinformationen enthalten um den virtuellen Inhalt an der richtigen Stelle anzuzeigen [30]. Die Erforschung von Augmented Reality im Kontext von Ubiquitous Computing bietet noch viel unausgeschöpftes Potenzial auf dem Weg zum allgegenwärtigen Interface.

6   Ausblick und Herausforderungen

Auch wenn Augmented Reality in einigen Kontexten bereits Marktreife erlangt hat und daher der Fortschritt durch die Kommerzialisierung von Firmen stark gefördert wird, ist es bis zu der Erfüllung von Sutherlands [32] Vision des ultimativen Displays noch ein weiter Weg. Natürlich müssen einerseits technische Lösungen für Probleme in den Bereichen Tracking und Displays gefunden werden, allerdings ist auch an der Mensch-Maschine-Schnittstelle noch viel Verbesserungsbedarf. Dies beinhaltet einerseits die Interaktion in Augmented Reality aber auch die soziale Akzeptanz und die Koexistenz mit Personen außerhalb von AR.

Ein zuverlässiges und genaues Tracking ist die Basis für eine gute AR-Erfahrung. Neuere Systeme sind schon nicht mehr auf Erkennungsmarken angewiesen und können ohne Veränderung der echten Umgebung das Umfeld des Nutzers erkennen. Allerdings gibt es hier auch noch eine Reihe an Problemen, unter anderem in den Bereichen Outdoor-Tracking, zuverlässigem Indoor-Tracking und dem Übergang zwischen beiden Räumen. Auch AR-Displays haben noch viel Potenzial, so beschreibt Billinghurst et al. [3] das ideale Display als ein Display, das ein weites Sichtfeld, Verdeckung der echten Welt und Bildern auf mehreren Fokalebenen bietet und dabei trotzdem noch klein und angenehm zu tragen ist. Bis zu diesem Punkt ist laut den Autoren allerdings noch viel Forschung nötig. Als besonders vielversprechend beschreiben sie Ansätze für Kontaktlinsendisplays. Diese hätten den Vorteil, dass sie für andere Menschen unsichtbar wären und den Nutzer selbst nicht beeinträchtigen. Bis diese Art von Displays nutzbar sind, müssen aber noch einige Probleme gelöst werden, zum Beispiel die Versorgung mit Strom und Daten.

Auch wenn der zu erwartende Fortschritt in den Bereichen Displays und Tracking und eine Verkleinerung der Hardware viele Interfaces bereits verbessern wird, gibt es auch im Kontext der Interaktion noch viele nicht ausgeschöpfte Forschungsfelder. Besonders interessante Bereiche sind intelligente und hybride Interfaces. Intelligente User Interfaces nutzen künstliche Intelligenz um das Interface dynamisch an die Anforderungen, den Kontext und den Nutzer anzupassen. Ein Anwendungsbeispiel hierfür sind intelligente Trainingssysteme, in denen in AR zum Beispiel Zusatzinformationen zu realen Werkzeugen angezeigt werden können um so Handwerkern dabei zu helfen, effizienter zu arbeiten [3]. In hybriden Interfaces wird Augmented Reality mit anderen Interaktionsmethoden, wie etwa Virtual Reality oder klassischen graphischen Nutzeroberflächen kombiniert. Eine solche Kombination kann die Vorteile der einzelnen Methoden nutzen und so eine vielseitigere und allumfassendere Erfahrung schaffen. Diese ist insbesondere im Kontext des Ubiquitous Computing interessant (siehe Abschnitt 5). Ausschlaggebend ist bei hybriden Interfacen allerdings der Übergang zwischen den beiden Welten, welcher in zukünftiger Forschung noch weiter behandelt werden sollte [3]. Auch sollte die Interaktion und damit auch die Nutzererfahrung vereinheitlicht werden, um die Einstiegshürde in neue Anwendungen so gering wie möglich zu halten. Ein erster sinnvoller Schritt wäre hier die Festlegung von Design Patterns [37].

Auch wenn alle Fragen in Bezug auf Tracking, Displays und Interaktion gelöst wären, stände AR noch vor einer Hürde, die die Technologie von der breiten Massennutzung abhält: Der sozialen Akzeptanz. Insbesondere bei der Anwendung in öffentlichen Räumen und bei tragbare Geräten ist diese Frage entscheidend. Trotzdem wurde dieses Thema bislang wenig untersucht [3]. Augmented Reality hat viel Potenzial, welches sich hauptsächlich auf Grund technischer Einschränkungen noch nicht vollends entfalten konnte. Die verschiedenen Technologien in den Bereichen Tracking und Displays haben alle ihre Vor- und Nachteile und sind daher auch für jeweils andere Anwendungsfälle geeignet bzw. ungeeignet. Auch die vielfältigen Arten von Interfaces verfolgen unterschiedliche Ansätze die Interaktion zu gestalten. Dabei muss häufig zwischen verfügbarer Hardware, einem zuverlässigen Tracking, einem überzeugenden Display und einer natürlichen Interaktion abgewogen werden, da alle Faktoren bei dem heutigen Stand nicht gleichwertig realisierbar sind. Bei dem Design von AR-Anwendungen ist eine passende Interaktionsmetapher, welche die reale mit der virtuellen Welt verbindet essentiell. Dieser Ansatz wird bereits stark in Tangible User Interfaces verfolgt, welche allerdings den Nachteil haben, dass sie wenig flexibel sind. Trotz aller limitierender Faktoren bietet AR auch heute schon eine Vielzahl an sinnvollen Anwendungen im Bereich der Massennutzung, welche auch ohne komplexe Geräte und Interaktionskonzepte auskommen. Hierfür sind Informationsbrowser in Smartphones das beste Beispiel. Zwar entsprechen diese Art von Anwendungen noch nicht der Vision Sutherlands, aber dennoch schaffen sie einen Mehrwert für den Nutzer, solange andere Technologien mit einer natürlicheren Interaktion noch nicht weit genug ausgereift sind.

—— **Literatur** ————————————————————————

1   Christopher Alexander, Sara Ishikawa, Murray Silverstein, Max Jacobson, Ingrid Fiksdahl-King, and Shlomo Angel. A pattern language: Towns, buildings, construction (center for environmental structure). 1977.

2 Ronald T Azuma. A survey of augmented reality. *Presence: Teleoperators and virtual environments*, 6(4):355–385, 1997.

3 Mark Billinghurst, Adrian Clark, Gun Lee, et al. A survey of augmented reality. *Foundations and Trends® in Human–Computer Interaction*, 8(2-3):73–272, 2015.

4 Mark Billinghurst, Raphael Grasset, and Julian Looser. Designing augmented reality interfaces. *ACM Siggraph Computer Graphics*, 39(1):17–22, 2005.

5 Mark Billinghurst and Hirokazu Kato. Collaborative augmented reality. *Communications of the ACM*, 45(7):64–70, 2002.

6 Mark Billinghurst, Hirokazu Kato, and Ivan Poupyrev. The magicbook: a transitional ar interface. *Computers & Graphics*, 25(5):745–753, 2001.

7 Oliver Bimber and Ramesh Raskar. Modern approaches to augmented reality. In *ACM SIGGRAPH 2006 Courses*, page 1. ACM, 2006.

8 Doug Bowman, Ernst Kruijff, Joseph J LaViola Jr, and Ivan P Poupyrev. *3D User Interfaces: Theory and Practice, CourseSmart eTextbook*. Addison-Wesley, 2004.

9 Volkert Buchmann, Stephen Violich, Mark Billinghurst, and Andy Cockburn. Fingartips: gesture based direct manipulation in augmented reality. In *Proceedings of the 2nd international conference on Computer graphics and interactive techniques in Australasia and South East Asia*, pages 212–221. ACM, 2004.

10 Philip R Cohen, Mary Dalrymple, Douglas B Moran, FC Pereira, and Joseph W Sullivan. Synergistic use of direct manipulation and natural language. In *ACM SIGCHI Bulletin*, volume 20, pages 227–233. ACM, 1989.

11 Andy Dearden and Janet Finlay. Pattern languages in hci: A critical review. *Human–computer interaction*, 21(1):49–102, 2006.

12 Matt Dunleavy, Chris Dede, and Rebecca Mitchell. Affordances and limitations of immersive participatory augmented reality simulations for teaching and learning. *Journal of Science Education and Technology*, 18(1):7–22, 2009.

13 Raphael Grasset, Laurence Boissieux, Jean D Gascuel, and Dieter Schmalstieg. Interactive mediated reality. In *Proceedings of the Sixth Australasian conference on User interface-Volume 40*, pages 21–29. Australian Computer Society, Inc., 2005.

14 Jan Gugenheimer, Evgeny Stemasov, Julian Frommel, and Enrico Rukzio. Sharevr: Enabling co-located experiences for virtual reality between hmd and non-hmd users. In *Proceedings of the 2017 CHI Conference on Human Factors in Computing Systems*, pages 4021–4033. ACM, 2017.

15 Otmar Hilliges, David Kim, Shahram Izadi, Malte Weiss, and Andrew Wilson. Holodesk: direct 3d interactions with a situated see-through display. In *Proceedings of the SIGCHI Conference on Human Factors in Computing Systems*, pages 2421–2430. ACM, 2012.

16 Sylvia Irawati, Scott Green, Mark Billinghurst, Andreas Duenser, and Hee-dong Ko. An evaluation of an augmented reality multimodal interface using speech and paddle gestures. *Advances in Artificial Reality and Tele-Existence*, pages 272–283, 2006.

17 Hirokazu Kato and Mark Billinghurst. Marker tracking and hmd calibration for a video-based augmented reality conferencing system. In *Augmented Reality, 1999.(IWAR'99) Proceedings. 2nd IEEE and ACM International Workshop on*, pages 85–94. IEEE, 1999.

18 Kiyoshi Kiyokawa, Haruo Takemura, and Naokazu Yokoya. A collaboration support technique by integrating a shared virtual reality and a shared augmented reality. In *Systems, Man, and Cybernetics, 1999. IEEE SMC'99 Conference Proceedings. 1999 IEEE International Conference on*, volume 6, pages 48–53. IEEE, 1999.

19 Georg Klein and David Murray. Parallel tracking and mapping for small ar workspaces. In *Mixed and Augmented Reality, 2007. ISMAR 2007. 6th IEEE and ACM International Symposium on*, pages 225–234. IEEE, 2007.

20 Jae Yeol Lee, Gue Won Rhee, and Dong Woo Seo. Hand gesture-based tangible interactions for manipulating virtual objects in a mixed reality environment. *The International Journal of Advanced Manufacturing Technology*, 51(9):1069–1082, 2010.

21 Taehee Lee and Tobias Hollerer. Handy ar: Markerless inspection of augmented reality objects using fingertip tracking. In *Wearable Computers, 2007 11th IEEE International Symposium on*, pages 83–90. IEEE, 2007.

22 Nicola Liberati. Augmented reality and ubiquitous computing: the hidden potentialities of augmented reality. *Ai & Society*, 31(1):17–28, 2016.

23 David G Lowe. Object recognition from local scale-invariant features. In *Computer vision, 1999. The proceedings of the seventh IEEE international conference on*, volume 2, pages 1150–1157. Ieee, 1999.

24 Blair MacIntyre. Authoring 3d mixed reality experiences: Managing the relationship between the physical and virtual worlds. *At ACM SIGGRAPH and Eurographics Campfire: Production Process of 3D Computer Graphics Applications-Structures, Roles and Tools, Snowbird, UT*, pages 1–5, 2002.

25 Paul Milgram and Fumio Kishino. A taxonomy of mixed reality visual displays. *IEICE TRANSACTIONS on Information and Systems*, 77(12):1321–1329, 1994.

26 Donald A Norman. The psychology of everyday things.(the design of everyday things), 1988.

27 Malinda Rauhala, Ann-Sofie Gunnarsson, and Anders Henrysson. A novel interface to sensor networks using handheld augmented reality. In *Proceedings of the 8th conference on Human-computer interaction with mobile devices and services*, pages 145–148. ACM, 2006.

28 Jun Rekimoto. A magnifying glass approach to augmented reality systems. *Presence: Teleoperators and Virtual Environments*, 6(4):399–412, 1997.

29 T Scott Saponas, Madhu K Prabaker, Gregory D Abowd, and James A Landay. The impact of pre-patterns on the design of digital home applications. In *Proceedings of the 6th conference on Designing Interactive systems*, pages 189–198. ACM, 2006.

30 Dieter Schmalstieg and Gerhard Reitmayr. The world as a user interface: Augmented reality for ubiquitous computing. In *Location based services and telecartography*, pages 369–391. Springer, 2007.

31 Dong Woo Seo and Jae Yeol Lee. Direct hand touchable interactions in augmented reality environments for natural and intuitive user experiences. *Expert Systems with Applications*, 40(9):3784–3793, 2013.

32 Ivan E. Sutherland. The ultimate display. In *Proceedings of the IFIP Congress*, pages 506–508, 1965.

33 Zsolt Szalavári, Dieter Schmalstieg, Anton Fuhrmann, and Michael Gervautz. "studierstube": An environment for collaboration in augmented reality. *Virtual Reality*, 3(1):37–48, 1998.

34 Brygg Ullmer and Hiroshi Ishii. Emerging frameworks for tangible user interfaces. *IBM systems journal*, 39(3.4):915–931, 2000.

35 James Vallino and Christopher Brown. Haptics in augmented reality. In *Multimedia Computing and Systems, 1999. IEEE International Conference on*, volume 1, pages 195–200. IEEE, 1999.

36 Mark Weiser. The computer for the 21st century. *Scientific american*, 265(3):94–104, 1991.

37 Yan Xu, Evan Barba, Iulian Radu, Maribeth Gandy, Richard Shemaka, Brian Schrank, Blair MacIntyre, and Tony Tseng. Pre-patterns for designing embodied interactions in handheld augmented reality games. In *Mixed and Augmented Reality-Arts, Media, and Humanities (ISMAR-AMH), 2011 IEEE International Symposium On*, pages 19–28. IEEE, 2011.

www.ingramcontent.com/pod-product-compliance
Lightning Source LLC
Chambersburg PA
CBHW041154050326
40690CB00004B/559